メートル・ドテルが創る
奇跡を呼ぶ
レストランサービス

レストラン タテル ヨシノ 総支配人
田中 優二 著

コーディネーター 遠山 詳胡子

はじめに

　世界に綺羅星のように存在する、フランス料理店。
　そのスターはシェフであり、シェフの料理を求めて、人は集う。
　しかしながら、本物のフランス料理店にはもう一人のスターがいる。お客様接客の責任者、メートル・ドテルである。

　考えてみてほしい。食事に大切なものは「料理」だけであろうか。
　予約のための電話やメールから始まって、来店し、食事を楽しみ、お会計を済ませて退店するまでのすべての時間を心から楽しむためには「居心地の良い空間」でなければならない。それを創出するのが、メートル・ドテルである。
　そして田中優二は、日本におけるメートル・ドテルの第一人者で、レストランサービスを極めた人物だ。

　レストランのサービスは、奥が深い。
　オーダー一つとっても、お客様の様子を感じ取り、お客様の要望を伺い、満足していただけるメニューを提案することが、求められる。そのためには、当日のメニューの把握と、それを的確に伝えるための膨大な知識とコミュニケーション能力、ワインとの組み合わせ、当然語学力も必要となる。
　料理を提供する時には、無駄なく美しい所作と、時には目の前で料理を仕上げる技術が必要となる。
　顧客ともなれば、お客様の好みや体調などを鑑みて接客するのは、当たり前のことである。初めてのお客様の場合は、どのくらいの経

済状況なのかを掴み取る、観察力までも必要である。
　このようにメートル・ドテルは、自分の店を最大限に楽しんで頂ける術を、全て身に付けていなければならない。
　それらを、笑顔と共に軽やかにこなす田中には、当然のことながらファンが多い。田中に会うためにレストランを訪れる顧客が、日本中にいる。

　「お客様と信頼関係を築いていく過程は、友情や愛情を深めていく時間に似ている」と、田中は言う。敬意をもって接し、それを言葉ではなく姿勢で伝えていく。
　だからこそお客様も、友情や愛情に似た感情を田中に抱き、田中と顧客の関係性は、いわゆるサービス人と客という枠から抜け出し、広く深く広がっていく。

　とはいえ、田中は完全無欠ではない。真面目だけど破天荒、論理的だけど感情的、優しいけど厳しいなどなど、実に人間臭い。

　縁あってレストランサービスという職に巡り合った人たちに、田中の存在を是非知ってほしい。
　きっと「サービス人としての誇り」と、「これからの新たな目標」を必ずや手に入れることができると、確信しているからである。

　　　　　　　　　　　　　　コーディネーター　遠山　詳胡子

目　次

はじめに ……………………………………………………………… 3
レストランサービスの業務と役割 ………………………………… 8

第1章　メートル・ドテルの仕事　11

メートル・ドテルの現状 …………………………………………… 12
メートル・ドテルの経営 …………………………………………… 14
メートル・ドテルの接客 …………………………………………… 15
　コラム　Programme ……………………………………………… 15
　1. 迎賓（お出迎え）……………………………………………… 16
　2. オーダーテイク ………………………………………………… 17
　　　関係性…17　提案…18
　3. 提供 ……………………………………………………………… 19
　　　順列…19　料理説明…20　先を行くサービス…21　共有…21
　4. 雰囲気 …………………………………………………………… 22
　　　もう一つのエッセンス ……………………………………… 23
　コラム　Un anniversaire inattendu Mme Yuri Tanaka …… 23
　5. 送賓（お見送り）……………………………………………… 24
メートル・ドテルの思考 …………………………………………… 26
　田中の方程式 ……………………………………………………… 26
　優しい想像力 ……………………………………………………… 27
　サービスの進化 …………………………………………………… 28
　軍隊（ブリガード）……………………………………………… 29
　　　チーム作り…30　賄いの役割…31　叱る…32
　チップ ……………………………………………………………… 32
　インスペクター（覆面調査員）………………………………… 34
　ミシュランガイド ………………………………………………… 34
コンクール …………………………………………………………… 35
　2003　メートル・ド・セルヴィス杯（日本大会）…………… 36
　2004　クープ・ジョルジュ・バプティスト（世界大会）…… 37

コラム Une chance divine　M et Mme Kazuo Ogura	40
2004 メートル・ド・セルヴィス杯（日本大会）	41
コラム L'arrivée d'un disciple M Tomoyuki Fujii	44

第2章　メートル・ドテルへの道　47

サービスとの出合い	49
専門学校 日本ホテルスクール	49
都ホテル	53
コラム Crêpes flambées M et Mme Hideyoshi	59
タイユヴァン・ロブション	61
コラム Grâce à Tanaka M et Mme Hidetoshi Azuma	62
タイユヴァン本店（パリ）	65
コラム Apprentissage auprès d'une cliente Mme Kazuko Kihara	66

第3章　レストラン タテル ヨシノ　71

吉野シェフ	73
マネージャー	79
広報	84
シェフ・ソムリエ	88
タテル ヨシノ 銀座 シェフ	92
コラム Cupidon　Dr Matsumura	95
タテル ヨシノ ビズ（東京・汐留）メートル・ドテル	100
メゾン タテル ヨシノ（大阪）アシスタントマネージャー	103

第4章　田中優二を支える人々　107

ESqUISSE 総支配人　若林 英司	108
コラム L'élégance Dr Higashino	114
ポンドール・イノ支配人　尾崎 徹	116
ドゥニ オザンファン氏	121
ヴィノラム代表取締役　梅原 茂順	124

娘······127
妻······132
父······135
母······137

第5章　フランス料理の世界　139

出会い······140
フランス料理文化センター······144
　研修···144　幹と枝···145
コンクール······146
　田中のコンクール···150　講習会···155
メディア対策······159
女性······160
歴史と文化······161
　美食という言葉···165　貴族の次男三男がメートル···167
　中国料理のサービスも素晴らしい···168
お客様を育てる······169
　コースメニュー···170　服装のマナー···172　見て・見られる···174
お声がけ······175
食べに行くことは勉強······177
メートル・ドテルの出世コース······178
　私は人事部長···179
コラム　Je serai toujours là Le président Natori······180
メートル・ドテルとソムリエ······180
　シュバリエ···183
ボランティア······186
後進の育成······187
技術は2割······189

あとがき······193

レストランサービスの業務と役割

ディレクトゥール
業務：総管理者 総責任者 経営責任者
職能：経営に関する能力 レストランに関わる知識

プルミエ・メートル・ドテル
業務：ディレクトゥールの補佐
　　　　お出迎え オーダーテイク デクパージュ ワイン お見送りなど
　　　　サービスの構成要員の総責任者 サービス全体のマネジメント
職能：管理すべき業務の全ての知識と能力 レストランに関わる知識と
　　　　能力 管理すべき業務の全ての管理・監修能力

メートル・ドテル
業務：受け持つテーブル（カレ）の責任者
　　　　お出迎え オーダーテイク デクパージュ ワイン お見送りなど
　　　　シェフ・ド・ラン以下の管理責任者
職能：運営すべき業務の全ての知識と能力 職責範囲に於ける管理能力
　　　　兼務すべき業務の全ての管理・監修能力

シェフ・ド・ラン
業務：メートル・ドテルの補佐
　　　　接客実務に関わる業務 資材管理実務に関わる業務
　　　　清掃・維持に関わる業務の遂行 コミ・ド・ランの管理
職能：業務の全ての実務能力と知識 コミ・ド・ランの管理能力

コミ・ド・ラン
業務：接客実務に関わる業務・資材管理実務に関わる業務
　　　清掃・維持に関わる業務の遂行補佐　厨房とホールに料理などを
　　　運ぶ　連絡要員　片付けなどの要員などの補佐すべき業務全般
職能：補佐すべき業務の全ての実務能力と知識

シェフ・ソムリエ
業務：ワインなど飲み物全般の管理・業務の責任者　ワインリストの作
　　　成やカーヴのグラスなどの管理　ワインサービスの実務
職能：管理すべき業務全ての実務能力と知識、管理能力
　　　メートル・ドテルとしての能力も、場合によっては必要

ソムリエ
業務：シェフ・ソムリエの補佐　担当範囲のワインなど飲み物全般の実
　　　務の運営者　コミ・ソムリエの管理
職能：運営すべき業務全ての実務能力と知識、管理能力
　　　コミ・ソムリエの管理能力

コミ・ソムリエ
業務：ワインなど飲み物全般の実務の運営の補佐
　　　時には、コミ・ド・ランの業務も兼任
職能：補佐すべき業務の全ての実務能力と知識

第1章　メートル・ドテルの仕事

「フランス料理もメートル・ドテルもフランスの文化だ。だからそれを仕事とする以上、そこに感謝し敬う気持ちが必要だと思う。日本人のメートル・ドテルは、侍としての気概と、奥ゆかしさも大切だ」と、田中はフランス料理と向き合うあるべき姿を訴える。

「これからの日本のフランス料理店では、クラッシックが廃れて、デクパージュ（お客様の目の前で料理を切り分け、皿に盛り分ける）もなくなっていくのではないか。それではフランス料理の本質を見失ってしまう」という、危機感もある。

メートル・ドテルの現状

　田中よりデクパージュが上手な人も、ワインをたくさん知っている人もいる。しかし総合的に彼のレベルの人はあまりいない。
　田中は「望む人がいたら伝えたい。繋いでいきたい。でも本当にこの世界に導いていいのだろうか」と、苦しそうに言う。
　そこには、サービス人、メートル・ドテルの現状がある。この世界で満足できるほどの給料、もっと言えば社会的地位として評価してもらえるほど潤沢な給料をもらっているサービス人は、日本に何人いるのであろうか。結婚などを契機に、経済的理由でホテルやレストランから離れていくスタッフを、私（コーディネーター・遠山）も多く見てきた。

　社会的地位と収入は、ある程度リンクしていると感じる。医師や弁護士がもてはやされるのは、その職業の意義もあるが、やはり年

収の高さもステータスの一つではないかと考えるからである。
　しかし日本のレストランサービスの世界では、トップの年収であってもそのレベルはなかなか難しい。

　「自分の給料は、自分では上げられない。他のスタッフの給料を決める立場だから」と、田中は言う。田中も、スタッフの社会的地位と年収のリンクにはこだわっているのだ。
　一方、「給料が安くても何とかなるだろうと、腹をくくらないと続けられない」とも言う。「金、金、」とばかり言っている人は、すぐ辞めて職を変える現状を、田中は長年見てきたからだ。

　レストランには悪しき伝統があった。これまでの取材で、劣悪な労働環境のせいで退職を余儀なくされたサービス人が、いかに多かったか。環境に見合った収入は、人としての尊厳にも通じるものなのにと、憤りすら覚える。
　ただ、最高級フランス料理レストランで、田中もかつて勤めていたタイユヴァン・ロブション（東京・恵比寿）は、そうした劣悪さやいい加減さを一切許さなかった。レストランの労働環境の意識を変えたのは、タイユヴァン・ロブションの存在だったかもしれない。そして田中は、それを体験している人物だ。

　旧態依然とした現場と、そうでない現場の両方を知っている田中の役割は、自ずと明らかになっていくだろう。

メートル・ドテルの経営

　売り上げまで総合的に考えながら仕事をしているサービス人は、ほとんどいないだろう。しかし田中は、スタッフの将来性を見極めて人事考査をし、サービススタッフの技術の向上を目指して育成し、時間があればスタッフから近況報告を受けたり、世間話をしたりする。売り上げや損益の計算もする。
　まさに経営者的立場である。にもかかわらず、絶えずダイニングにいるところが、田中らしい。

　普通、サービス人が経営を覚える機会は皆無に等しいだろう。その点、田中はラッキーだ。
　田中が現在勤めているレストラン「タテル ヨシノ」のオーナーは、株式会社芝パークホテルである。田中は一年間、芝パークホテルの社長である柳瀬氏の私塾で、労務管理、原価管理、安全管理などの経営学を徹底して教えこまれた。客が入っていない時はどうしたらいいのかを考えさせてもらえるいい機会にもなった。そこには、田中に対する会社の期待も垣間見える。

　企業努力以前に、景気に左右されるのがレストランだ。スタッフからも売り上げからも逃げられない。
　そこまで受け入れる潔い覚悟があるかどうか、メートル・ドテルとして試される別の一面でもある。

メートル・ドテルの接客

接客におけるメートル・ドテルの仕事は、多岐にわたる。
1．迎賓（お出迎え）
2．オーダーテイク
3．提供
4．雰囲気
5．送賓（お見送り）

■　コラム　■　Programme
　　　　　　（ご予約）

　メートル・ドテルの接客は予約の時点から始まっている。

　敢えてお名前は伏せるが、そのお客様は毎年年末に北海道からいらしてくださる。12月の初めに必ず電話で予約を入れてくださる、グルメで大のワイン好きなお客様だ。

　2007年は田中が電話に出ずにいたため、いつも田中が誕生日の休みをいただいている12月26日に予約が入ってしまっていた。念のため電話をすると、「田中さんに会いたいから」と、27日に変えてくださった。2008年も27日にご予約をいただいた。

　2009年も既に27日に予約が入っていた。しかし26日は出勤することになった田中が「今年は27日に休むことになったので、逆に26日にいらしてほしい」とお願いすると、「うちはどちらにしても、田中さんがいらっしゃる日にします」と、快諾くださった。

　深く感謝した田中は、いつにも増してサービスに心を込めた。「そ

のお客様はとびきり美味しいワインと料理に舌鼓を打ち、いつものようにとてもお喜びになられて、北海道にお帰りになった」と、田中は嬉しそうに言う。

とはいえ、こちらの都合に合わせて日にちを変えてほしいとお客様に頼むサービス人を、私は見たことも聞いたこともない。ましてや大事な顧客であれば、自分が都合を合わせるべきではないか。にもかかわらずお客様は快くそれを許してくれるのだから、なんとも恵まれた男である。

しかし、これこそが田中らしさなのかもしれない。お客様とは主従関係でも上下関係でもない。極めてフラットな関係性なのである。

そしてお客様は、そのフラットなやりとりを楽しみ、享受しているのかもしれない。

1．迎賓（お出迎え）

「エントランスでは、いつも必ず笑顔です」と、田中は言う。

メートル・ドテルの最初の仕事は、お客様を迎え入れることだ。

エントランスは、店の第一印象である。お客様が自分を大切にしてもらっていると好印象を持った瞬間から、お客様とメートル・ドテルとの信頼関係がスタートする。当然のことながら、その後のメートル・ドテルからの提案も快く受け入れてくれるだろう。結果として、売り上げにも反映される。

初めての来店の場合、特に高級レストランでは、お客様は緊張感と警戒心を持っていることが多い。それを解きほぐすことがなにより大切である。そこで先ず、来店に対する心からの謝意を伝えることが求められる。

顧客の場合は、お名前で呼び、親しみを示すこともある。しかし、それは顧客がそれを望んでいる、と確信した場合に限られる。
　エントランスで、それらのことを一瞬のうちに嗅ぎ分けなければならないということだ。
　ちなみに田中は、エントランスで化粧室の場所を案内すると言う。「フランスを始めヨーロッパでは、食べることは神聖なことなので、手がきれいなことは当然だ」と、いつも思っているからだ。しかし、怪訝そうな顔をするお客様や、不機嫌そうな顔をするお客様もいると言う。そうなると、田中はその思いを言えなくなってしまう。
　エントランスに迎え入れたら、次はテーブルへの案内だが、「これが一番難しい」と田中は告白する。開店前に予約状況やそれぞれのお客様の事項を考慮し、席を決めている。だが、非常にドレスアップしていらして頂いた、絶対に顧客になってほしいと思うようなオーラを感じるお客様などの場合は、席を変えることもある。エントランスからダイニングまでの、数メートルの間に下す判断である。まるで、真剣勝負のようだ。

2．オーダーテイク

関係性

　まずは、お客様同士がどんな関係性なのか、見抜く必要がある。ビジネス関係、ファミリー、友人、恋人など、様々である。
　それによって、どんなスタイルの食事をしたいのかある程度予測できる。例えば、親しい間柄であれば、ア・ラ・カルトをシェアすることもいいだろう。そうでなければ、別々に皿盛りしたコースの方がお互い気を遣わないかもしれない。

提案

　最近は、コース料理が主流である。しかし、お客様がコースのつもりでも、ア・ラ・カルトや旬の料理、自分が好きなものを勧めるのが田中流である。
　「タテル ヨシノ 銀座」では、デクパージュが毎日どこかのテーブルで提供されていて、コースを食べている人も、それを見たら食べたくなるからである。

　自分の店の料理やワインを熟知している田中は、自信に満ちあふれている。田中に会いに来るのだから、高いメニューでも初めて食べる料理でも構わないという顧客の存在もその背景にあるようだ。
　その代わり、そのお客様のことをとことん考える。
　例えば、1週間先の予約を承る時、前回「あれが食べたい」というような言葉を耳に挟んでいたら、仕入れの状況を把握したうえでそんな提案もする。
　2週間先の予約だと、お客様への提案をもっと深く考えることができる。「予算に余裕があまりないお客様にとって、いい料理とは？余裕のあるお客様に、より満足してもらえる料理とは？」と、考える。
　デクパージュに興味を持ってもらえたら「二人前だと大きすぎますが、4人でいらっしゃいませんか？」と提案したりもする。
　顧客によっては、一つの料理をたくさん食べたいから2品で充分という方もいる。その場合は事前にシェフと相談して、メニューを考える。
　たとえ初対面であっても、自分を信頼してくれる人にはア・ラ・カルトの良さを理解してもらえる、という自負もある。お仕着せの

コース料理がお客様にとって最高とは限らないし、お客様が料理を選ぶ機会を妨げることになるかもしれないと考えるからでもある。

　時には、お店を試そうとしているお客様もいるだろう。「試している人でも、びくともしない。高いものだけを勧めはしない。良いメートル・ドテルは、不特定多数のお客様に対応出来なければならない」という田中流を貫くのみだ。
　例えば、ワインは値段に幅があるので、初めての方とは丁寧に会話を重ね、その日のお食事に最良のご選択をして頂くように導く。もちろん、たとえ飲み物のオーダーが水だけであっても、お客様とメートル・ドテルの関係性に不公平があってはいけない。
　提案も真剣勝負なのだ。

3．提供

　デクパージュは、メートル・ドテルとしての演出の一つだ。そのしなやかな動きと軽やかなトークは、メートル・ドテルの真骨頂である。なぜなら、それは膨大な時間と忍耐力と費用を費やした「鍛錬」の結果だからだ。

順列

　デクパージュ以外にも、メートル・ドテルには出番はある。それは、料理やワインの提供である。オーダーの時点で、誰を最も大事にしなければならないか、その順列を探る。ビジネスであれば接待相手、そうでなければ年長者か女性であろう。そこで、サービスする順番を判断するのである。

とはいえ「あちらをお先に」と、言われることもある。故に、最初の料理を提供する時には、少しゆっくり目に皿を置くようにして、お客様のそうした言葉を引き出しやすい時間を作ることも、必要であろう。

料理説明

料理の説明をするタイミングも、気遣いが必要である。コースの場合、一皿毎に説明をする傾向があるが、お客様同士の会話の内容や盛り上がり具合などで、説明のタイミングや有無が変わってくる。

最近はお客様の方が分かっていて、「料理の説明をしたいんだなぁ」と察して、あえて会話を中断してくれる。

しかしそれはお客様に気を遣わせることでもあり、ただマニュアルに従っているにすぎない。その事に気付いているサービス人は、いったい何人いるだろう。

料理の説明は、求められた時にすればいいと思う。料理を提供した時に説明を待っている雰囲気を感じ取れたら、そこで説明してほしい。もしかしたらそれは、食べている最中や食べ終えたタイミングかもしれない。お客様の「知りたい」タイミングは様々なのだ。

説明の内容にも気をつけたい。専門用語や横文字ばかりでは、お客様の期待を削いでしまいかねない。大事なのは、お客様が心地良く過ごすことであり、料理やワインの知識を披露することではない。

分かりやすくて美味しそうな単語や表現を、常日頃から会得しておく必要がある。そこからこそ、楽しい会話が始まるのだ。

先を行くサービス

　食事が始まったら、サービスがスムーズに進行しているか確認する。また、さりげなく各テーブルを回り、満足しているかそうでないかを観察する。例えば、食事の間にはワインやミネラルウォーター、パンなどの提供がある。お客様が注文するよりも前に、もっと言えばお客様が気付く前にサービスすることが必要である。

　田中も、お客様にテレパシーがあるのかと驚かれるほど、先取りのサービスに徹している。それこそがプロの仕事である。注文を受けてからのサービスは、素人の域なのだ。

共有

　ただし、それは情報の共有が前提である。例えば、誰がミネラルウォーターのガス入り・ガスなしなのかを把握する。追加を伺い「もう結構」となったならば、それも全員で共有しなければならない。

　「タテル ヨシノ」には、水マップというものがあり、それを見ればスタッフ全員分かる。そうでなければ気を利かしたつもりのスタッフ達が何度も「お水のお替り、いかがでしょうか」と尋ねたり、ガス入り・ガスなしを間違えるという、お客様にとって迷惑千万の状況になるからである。

　共有するのはそれだけではない。料理と飲み物の伝票を見れば、例えば、カトラリーの左利きや、アレルギー、好き嫌いなど、おおよそ分かるようになっている。また、テーブル毎に席の位置で番号が決められていれば、どの人がどの料理を食べるかが確実に分かる。

　田中は「サービスは、最上級の気遣い。それもゴールがないから、

ずっとやり続けなければならない」と言う。お客様との距離感を大事にし、お客様の心に寄り添わなければできないサービスである。

4．雰囲気

　田中は、初めてのお客様でもオーラが通じ合う方には、自然と笑顔になる。お話が通じないお客様には、作り笑いすら出来ない。かなりわかりやすい接客である。しかしそれが悪いとは思わない。親密さを求めないお客様にとっては、その方がずっと居心地がいいはずだからだ。

　ちなみに私はサービス人に話しかけるのが好きだ。田中のキャラクターを考えると、田中のお客様もそうやって楽しむ方が多いのではないかと思う。そして田中も「私はお客様に、楽しんでもらいたいと思っている」と、接客の姿勢は鮮明だ。

　もっとも若い時の田中は、お客様に「君は隙がないね」とよく言われ、完璧すぎて面白みがないのだろうか、それとも余裕がないと思われているのだろうかと考えて、落ち込んでいた。ちなみに今の田中は、隙だらけである。

　だから、田中はスタッフに「緊張するな」と言っている。サービス人が緊張したら、お客様はもっと緊張してしまうからだ。

　田中は、たとえビジネスがらみの食事であっても、最初は丁寧ながらもフレンドリーに接するようだ。そしてその時のお客様の反応によって、距離感を微調整する。

　ただし、どんなに親しい顧客であっても、フレンドリーな接客を求めるお客様であっても、最初と最後は丁寧さに徹する。

　それは、メートル・ドテルとしての矜持(きょうじ)である。

もう一つのエッセンス

　レストランにとって、料理とサービスでお客様に喜びを与えることは、当たり前のことである。しかし「タテル ヨシノ」は、そこにもう一つエッセンスを加えている。

　それは、「タテル ヨシノ」名物のCongratulationsである。お客様の誕生日や記念日などに、スタッフ全員で歌って祝う。この歌は人を感動させる。取材中も、メインダイニングから聞こえるスタッフたちの伸びやかな歌声と、その後に沸き起こるお客様全員からの温かい歓声と拍手を、幾度となく耳にした。

　感動とは料理やサービスの技術だけではない。歌に込めたスタッフ全員の「心からのおめでとう」も、その一つなのである。

　それを導入した田中の慧眼は、大したものだと思う。

▍コラム▍ Un anniversaire inattendu　Mme Yuri Tanaka
（奇跡の誕生日　田中 ゆり様）

　12月26日は田中の誕生日なので、田中は休みをもらい家族と静かに過ごすのが通例であった。しかし2009年は、鹿児島の原田様、東京の谷口様、江原様、藤代様、阿部会長などなど、多くの大切なお客様の予約が入っており、例年になく忙しくなりそうなので、店に出ることにした。

　当日は田中 ゆり様も8名様で個室を予約されていた。田中が部屋に入った瞬間、田中のサービス人生を揺るがすほどのサプライズが起こった。Congratulations～と、お客様が歌い出し、プレゼントまで用意して、田中の誕生日を祝ってくれたのだ。メニューの説明などそっちのけである。サービス人が仕事中にお客様に誕生日

のお祝いをされ、歌を歌っていただいた話など聞いたことがない。まさに奇跡、サービス人冥利に尽きる瞬間であったであろう。

　元々、「タテル ヨシノ」でこの曲でお客様をお祝いするきっかけは、田中 ゆり様であった。店を貸し切り、ご主人の還暦のサプライズパーティを催された時、いつものような食事だと思われたご主人が店内に入っていらしたタイミングで、お連れのプロの歌手を含めたお仲間の方々とスタッフが、Congratulations～と、大合唱したのである。
　その時に衝撃的な感動を受けた田中は、その後「タテル ヨシノ」で誕生日、父の日、母の日など全ての祝いの席で、Congratulationsをアレンジして、進化させたものを披露していった。のちに瀬戸内海の直島にあるベネッセハウスのテラスレストランにサービスを教えに行った時も、そこのスタッフに教えた。「私の息のかかっている店は全て歌っています」と、田中は胸を張る。この歌を、サービスの素敵なエッセンスの一つだと考えているからだ。

5．送賓（お見送り）
　お客様の喜びを記憶として残すためには、丁寧なお見送りも大切である。お客様の満足したことや、不満だったことを受け止めるタイミングでもあり、そのどちらにも心から感謝し、次の来店を楽しみにお待ちしていると挨拶することでお客様との距離は一層縮まる。
　客席では緊張していたお客様が、帰り際には緊張がほぐれたのか、田中の身なりなどについて話しかけてくることもある。

田中には、こだわりがある。スーツやワイシャツは、タイユヴァン・ロブション時代にお世話になった阿部 新会長からご紹介いただいた「リベラ」の関 孝一さんに頼み、袖のボタンホールは全てのスーツを左右一つだけ赤くしている。ネクタイはほぼブルガリ、時計はカルティエのトーチュ、胸には顧客の木原様から頂いたダイヤのブローチが光る。

　髪の毛はかなりの短髪だが、「タテル ヨシノ 銀座」のレセプション井上 みね子さんに紹介してもらった、麻布十番の「pinceau」までわざわざ行っているが、髪の毛というより眉毛を切りに行っている。

　送賓時には、お客様から服装について言及されることがあるという。私も、田中の袖のボタンホールが一つだけ赤いことに気付いていた。

　田中流の身だしなみがお客様との距離を縮めているようだ。そして、そういうことが話題になった瞬間、田中は接客が成功裡に終わったと感じる。

メートル・ドテルの思考

田中の方程式

気持ちが良ければ、高くてもいい。なぜならそこにプロがいるから。美味しくなるように心を込める。すると心が通じ合う。

それが田中の方程式だ。

「いくら星付きであったとしても、心がない接客は駄目だ！」と、田中は語気を強める。

「この人のために何をしようか、真剣に考えればそれは相手が感じる。それがなければ、サービスはロボットでもいいんじゃないかな、ロボットの方がいいんじゃないかな」と、田中はあくまでも「心」にこだわるのだ。

若いスタッフが一心不乱に取り組んでいるのを見ると、感動する。ロボットが汗をかいていても、感動はしない。そして、一生懸命汗をかいているスタッフは、お客さんに褒められたら嬉しくて泣く。

泣くのは、何かを犠牲にして頑張っているからだ。例えば、両親が病気だったり、家族を亡くして忘れられなかったり、いろいろなプライベートを抱えながら、それでも真っ直ぐに仕事と向き合っている。その涙を見たお客様は、心が震える。食事に来ただけなのに心が震えるなんて、凄いことだ。田中はそれを何度も見てきた。

だが、全力疾走し続けたら、生身の身体と心は壊れてしまう。だから「一定にしろ」というのも、田中の方程式だ。

悲しいことがあっても、嬉しいことがあっても、いつもと同じサービスするために、「頑張り度合い」を計算できるように導くのだ。

テクニックの本はあるが、そういう事を書いてある本はない。見て覚えて、感じて、実行するだけだ。「自分は教えてもらっていないから、ちゃんと教えていないかもしれない」と、田中は不安を口にする。

だから「やってみろ！ それで上手くやれなかったら言ってこい！」も、田中の方程式だ。まずは実際にやってみないと、問題点が分からない。問題点が分かったら、惜しみなく手を差し伸べる。

優しい想像力

どんなに頑張っても、それが自己満足ではお客様の心は震えない。だから田中は、考える。

サービスは、無限にある。100人100通り、でも一人のお客様でも求めるものは毎回違うから、無限。だから答えを用意できないものもある。そこで、とことん考える。

例えば、あるお客様は左利きなので、スプーンを左に置くようにしている。だが、毎回左でいいのか？ 決めつけないで、もしかしたら…、を考えるのだ。

「やさしい想像力」を働かせることで、お客様が気付かないことも提案できる。そこでお客様に新たな発見や経験を与えられる。するとお客様は成長する。

こうした接客を受けると、お客様は他のお店に行っても物足りなくなる。だからこそ、顧客になってくれる。

「考えないやつは、いいメートルになれない。ずる賢いやつは、お客様にバレるから可愛がられない。本気で魂のぶつかり合いがで

きる人は多くないと、田中は言う。
　日本のサービスは、まだ確立されていない。だから田中は30年のキャリアの経験値と優しい想像力を駆使して、考え抜くのだ。

サービスの進化

　「ぶれずに変わることは、成長であり、進化。これは必要だと思う」と、田中は言う。
　「田中に教わった」と言わないのであれば教えたくないというのが田中の持論だ。血のにじむような努力を経て会得したスキルを伝授するのだから、そこにリスペクトがなければ誰だって嫌に決まっている。ただ教えた後は「自分のやり方を、全ての基本にして欲しい。でも100％踏襲しなくてもいい。だから田中教ではない。信者にならなくていい」と、潔い。
　田中自身、都ホテル時代にお世話になった金子氏の弟子と言っているが、いろんな人のいいところを学んだ。デクパージュも金子氏に教わったが、他の人のデクパージュを見ていいなと思ったら、吸収している。
　例えば、田中がいない間に部下が田中流のやり方を破っても、「こうした方がいいですよね？　田中さんならそうするでしょ？」というような関係性がいいと、田中は思っている。
　スタッフの身体や心を守りながら、いいサービスをするためには、合理性や社会性が求められる。だから、他の店が楽をして、いいサービスをしていたら、それを真似しようと思っている。それが進化だ。その代わり、楽をしてダメなサービスはしない。そこは決して譲らない。楽して、早くて、奇麗だったらいいと、極めて合理的だ。

軍隊（ブリガード）

　取材中、多くのスタッフが「フランス料理のサービスは、軍隊です」という言葉を発する。それは厳しい上下関係を意味するのであろうか。いや、もっと広くて深い意味があるようだ。

　ここでいう軍隊とは、フランスの騎士団ブリガードのことで、組織編成の中で規律と秩序が存在している。規律とは「何時に来て何時に帰る」というような決まり事だ。秩序とは「先輩・後輩」の立場を明確にし、トップが規律と秩序を率先して守り、部下に守らせることだ。

　田中曰く、「大将が右と言えば右！　たとえそれが間違っていると思っていても、進んでみる。すると間違っていなかったりする」。理不尽と思われることも、そこには経験則という背景があるということであろう。だから、その逆は有り得ないと、田中は言う。

　組織の中には、ディレクターやプルミエ・メートル・ドテル、シェフ・ソムリエ、メートル・ドテルと言った上層部だけでなく、ソムリエ、コミ・ソムリエ、シェフ・ド・ラン、コミ、コミ・ド・ランなど各階層それぞれに明確な居場所があり、ピラミッド型のヒエラルキー（階層）がある。だからこそ、チームが機能するのである。

　ディレクターはサービスの現場に時々しか立たないので、その軍隊をチームとして常に率いるのはプルミエ・メートル・ドテルやメートル・ドテルの役割である。

　とはいえ、チーム作りには時間と人間力が必要である。その労力に企業は出資してほしいと、田中は強く願う。

チーム作り

　田中は、若い頃からチーム作りに腐心していた。
　都ホテル時代、仕事終わりの飲み会で新人はかくし芸を強要されていた。ある新人がそれを嫌って、ホテルを辞めると言い出した時、「一回パンツを脱げば、気にならなくなるから」と、諭したらしい。どうやら芸を持たない輩はパンツを脱ぐことで勘弁してもらっていたらしい。なんとも破天荒な田中らしいアドバイスだが、その時田中は弱冠21歳である。その時の後輩は田中の言葉に肩の力が抜け、その後この仕事が楽しくなり、今も感謝している。

　タイユヴァン・ロブション時代には、元気のないのが気になった後輩の話を聞いた。その後輩は借金で首が回らず、食事もろくにとっていなかった。そこで田中は「父親からお金を借りて、それで借金を返そう」に進言した。そうすれば利子を払うことからは免れる。また知り合いの店のアルバイトを紹介し、時給をよくしてもらえるように直接かけ合ったりもした。27〜28歳の時である。その後輩は、無事に借金を返し終えた。
　若い頃からこうした言動ができることは、稀有なことではないだろうか。どこで誰から教えられたのであろう。ある意味、才能と言えるかもしれない。

　この才能は今でも発揮されている。あるスタッフが「汐留の店で上司とそりが合わないから辞める」と言い出した。そこで銀座に異動させたのだが、今度は「銀座の上司にいじめられるから辞める」と訴えてきた。それでも田中はそのスタッフを宥めた。そのスタッ

フは今は6年目で、アシスタント・メートル・ドテルを務めるほどに成長し、先の2人の上司をも認めさせる存在となっている。

田中は、顧客やスタッフの誕生日は、だいたい覚えている。お客様の場合、来店時にプレートやケーキ、Congratulationsで祝う。スタッフには、飲みに連れて行ったりして、祝っている。

賄(まかな)いの役割

「タテル ヨシノ 銀座」では、昼は11時45分から、夜は17時45分から毎日ミーティングを行い、全てのリマークス（注意点）について話す。日替わりの料理の確認、好き嫌いやアレルギー、グラスワインの変更、バースディなどお祝い事の確認もある。また顧客や、英語やフランス語の対応が必要なお客様の担当や席を決める。

ランチタイムが終わった16時40分から、サービス・キッチン両方のスタッフと、賄い料理を食べる。メニューはフランス料理だけでなく、肉じゃがなどの和食、スパゲッティなど様々だ。大晦日は年越しそばを食べる。お新香は欠かせないというから、そこはやっぱり日本人だ。

この食事の時間は、業務連絡の共有もするが、大体が田中の独演会。勉強会で学んだ事やテレビで見聞きした事を披露することも多い。いきなり水族館の話を始めてスタッフが面食らうこともある。

「同じものを食べて、その場で話をすることが、大事!!」という強い信念が田中にはあり、最も大事にしている時間である。

叱る

このように心のやり取りは大事にするのだが、褒めるのは下手だと田中は恥じ入る。ただ「自分の子どもと同じように叱る」という気持ちはあるようで、それが伝わっているからこそ、多くの部下が慕っているのだろう。

田中は、辞めようとするスタッフをものすごい勢いで怒ることがある。「辞めて、どうするんだ」という心配と、「ここが一番いい職場なのに」という信念からである。結局辞めてしまうのだが、しかしその後何かある毎に挨拶に来るスタッフが少なくないということは、彼らにも気持ちは伝わっているということであろう。

「今一緒に仕事しているみんなは、各持ち場で人間関係を大事にしてくれている。おかげで、今の私がある」と、田中はこっそりと教えてくれた。キッチンもパテェシエも含めた全体のピラミッドを、先頭に立って目指し、チームを作る過程にも結果にも感動してしまう田中の姿がそこにあった。

チップ

以前は日本でも、チップのやり取りが盛んに行われていた。しかし今は、そうした風景を見ることがめっきり少ない。

ただ結婚式の場合は、ヘアメイク、着付け、介添え、キャプテンなどに対して、心づけを用意する慣習が、まだ少なからず残っている。

こうした「お世話になります。お世話になりました」という気持ちを、心づけやチップで伝えることは、素敵なことだと思う。

タイユヴァン・ロブション時代、田中の顧客は上司に気取られないように、帰りのエレベーターの中でチップを直接渡してくれてい

た。シェフ・ソムリエの若林氏と田中に対するチップだが、二人はチーム内の下のスタッフにも分けていた。だからチームに組み込まれたスタッフは、やたら張り切って、サービスも全然違った。例えば、コミ（補佐役）の動きが違ってきた。コーヒーのお替りなど、いろいろ提案してくるようになったのだ。チップありきのサービスでは困るが、実際若者は、少額のチップで心も懐も豊かになり、仕事に集中するものだ。これもまた、チーム形成の一端であろう。実際に、その当時のコミが現在田中の下で働いている。

　田中は今、お客様がチップをくださる時は、「断るな。ありがとうございます、と言え」と、教えている。サービス料は店の売り上げだから、チップこそがサービス人のささやかな副収入である。

　金額は様々だが、金額よりも気持ちが嬉しい。サービスに対するリスペクトであるからだ。とはいえ、タイユヴァン・ロブション時代は、数万円単位のチップもあったというから、凄い。

チップのタイミング

　多くのお客様がポチ袋にいれて渡してくださるが、最初に渡すのも一つの粋である。その方が絶対にスタッフが張り切るし、お客様も食事が楽しくなるからだ。加えて、最初に出す人は遊びなれていると思われるので、スタッフにプレッシャーも与えられる。

　もちろん「今日、良かったよ」と最後に渡すのも、その日の料理とサービスが成功した証（あかし）で、嬉しいものである。

　数は少なくなってきているが、スタッフに渡されたチップは、田中の元に集めている。そして、その時の功績度によって、誰に渡すか、店でプールするかなどを、田中が決めている。なかなか公平である。

インスペクター（覆面調査員）

　世界にはいくつものレストランガイドがある。その中で最も有名なガイドブックが日本で立ち上がる時、田中は日本人最初のインスペクターを打診された。しかし、店を離れることなど考えられない田中は、インスペクターの話を断った。

　30年前フランスにおいては、ずば抜けた料理や絢爛(けんらん)豪華な内装、テーブルや椅子などの調度品、カトラリー、サービスが評価の対象となっていた。サービスは、3か国語以上話せるサービス人が何人いるかが審査対象になっていた。高級店にはそういうサービス人がいて当然という認識だったからだ。それも一人いればいいというものではなく、集客数に対して一定数いなければならない。

　そのため、インスペクターはサービス人経験者が半数近くを占めているという。

　現在では、評価の対象は料理だけと謳(うた)っている。確かに日本における料理のレベルの高さは、世界中から認められている。対象も、フランス料理に加えて、日本料理、鮨、天ぷら、イタリア料理、スペイン料理、中国料理など、様々だ。

　だからサービスは関係ない、もしくはサービスまでは手が回らないという意識だろうか。もしそうであれば、残念でならない。

ミシュランガイド

　毎年、ミシュランの星に一喜一憂する人たちも多いだろう。

　星を取るのは難しい。特にフランス料理は厳しい審査があると言われているが、「タテル ヨシノ」の吉野シェフは、パリの店で1ツ星、芝で2ツ星、銀座で1ツ星、汐留で1ツ星（現在はビブグルマ

ン・ミュシュランガイドによる、5,000円以下で食事ができるおすすめレストラン)、広尾でビブグルマンを取っている。

　星のランクが変わる時は、編集長を連れて食べに来る。特に星が増える時は、ミシュランガイドの偉い人も来る。一応覆面調査となっているが、注文の仕方や雰囲気でそれとわかると、皆同じことを言う。

　田中は、「タテル ヨシノ 芝」にミシュランガイドのインスペクターが食べに来た時のことを、鮮明に覚えている。その時は世界ミシュランガイドの編集長たちが来店した。元々サービス人だった人も多く、田中のデクパージュを楽しんでくれていた、と田中は嬉しそうに言う。それは、芝が2ツ星になったタイミングであった。メートル・ドテルの真骨頂である。

コンクール

　「たかがコンクール、されどコンクール」と、田中は言う。
　コンクールに勝つ技術を磨くことと、接客のレベルを上げることに、田中は一線を画しているからだ。では、どのような違いがあるのだろうか。
　「決定的な違いは、愛情」と、田中は断言する。確かにコンクールに愛情は必要ない。一方、レストランでお客様が満足するかどうかは、お客様の心に自分の愛情がどれほど伝わっているかにかかっていると、田中は思っている。だからどんなに技術が高くても、愛情が伝わらなければ意味がない、と信じているのだ。
　とはいえ、自分の技術に自己満足することなく、客観的に厳しく

判断され、今の自分の実力を測るためには、コンクールは格好の機会である。また、サービス人に対して見くびったような態度で接してくるようなお客様に対する反骨心もあったという。田中はどこまでも正直だ。だから、田中はチャレンジを続けてきた。

2003 メートル・ド・セルヴィス杯（日本大会）

　メートル・ド・セルヴィス杯は、サービスの技術と接遇を競う日本で唯一のコンクールである。2003年、田中は5回目の挑戦で初めて筆記試験を通過した。実は田中は周りに「ペーパーが通れば、必ず優勝できる」と豪語していた。が、そうは問屋が卸さない。不得意な実技があり、場慣れもしていなかったため、結果は3位であった。
　このコンクールは、国際大会の35歳以下の選手の代表選考も兼ねていた。1位と2位の選手は35歳以上だったため、世界大会へ挑戦出来ない。そこで田中以下5人の選手で、改めて国際大会へ出場する日本代表選手の最終選考を行った。
　国際大会の日本代表になるまでの道のりは険しい。35歳以下という年齢制限を考えると、田中にとっては最後のチャンスでもあった。

　日本代表を選考する課題は「鴨のデクパージュ・ルーアン風」。この料理はフランス・ルーアンに伝わる地方料理で、鴨を鬱血死させ、血液を鴨の体内に残し、切り分け、ガラから血を絞り、それを鴨のフォンに沸騰させずに繋いでソースを作る。
　ソースの出来は今一つだったが、鴨のデクパージュはこれまで打ち込んできた甲斐もあり、切り分けるのは群を抜いて綺麗で早かった。「国際大会では、切り捌く早さと美しさが得点につながる」と

考えた主催者側の総意もあり、高得点だった。

　かくして、見事日本代表に選ばれた。とはいえ2003年は「タテルヨシノ」に転職し、オープンを果たしたばかり。世界大会のある翌年は、開店2年目である。体制もまだ整っているとは言い難い。

　しかし、吉野シェフと全スタッフは快く大会に出してくれた。その度量には、敬服するばかりだ。

2004 クープ・ジョルジュ・バプティスト（世界大会）

　クープ・ジョルジュ・バプティストは、ヨーロッパのサービスコンクールの権威である。2004年4月1日、第14回ヨーロッパ大会と第1回インターナショナル大会がルーアンで開催され、田中はインターナショナル大会・プロフェッショナル部門の日本代表として、7か国の代表と競い合った。

　国際大会では、大会を通して母国語以外の言語、フランス語か英語を選択し対応しなければならない。田中は、フランス料理なんだから、と当たり前のようにフランス語を選択した。

　参加者全員に義務付けられた筆記試験も、120問がフランス語と英語で出る。アジア人の田中にとっては不利なテストである。しかし、後で公表された筆記試験の成績は、2位であった。

　その後が実技試験である。世界大会は一連のテーブルサービスではなく、単発の課題をこなしていく形式だ。スペースが部屋のように区切られていて、個別に課題をこなしていく。15分などの制限時間が終わったら休憩し、また呼ばれて次の課題をこなす。

ゼッケンはなんと１番、緊張の極みである。

最初の課題は「昼食後に飛行機に乗るお客様を想定した外国語でのオーダーテイク」。しかし、フランス語が出てこない。かなり焦る。

次の課題は「タルタルステーク」を２人前。これは牛の生肉を味付けして、混ぜて、生のステーキに仕上げる。これは都ホテルでよく経験していたので、まあまあの出来だった。

次は「ガンバス フランベ」。手長エビをフランベし、魚料理の一品として仕上げる。この時、田中はサラダを一緒に出したかった。手伝いのコミの学生に「プチサラダを持って来てください」と頼むが、いつまでたっても持って来ない。エビはどんどん焼けていく。焦った。やっとサラダが来た時には、エビは少し黒く焦げていた。これではまずいと、尻に火が付いた。

次の課題は、テーブルに置く「四方見のテーブル装花」。四方向からまったく同じに見えなければならないが、まずまずだ。

次は「仔羊の鞍下肉のローストのデクパージュ」。十字の骨の付いた仔羊肉から、フィレ肉と共に鞍下肉をナイフで取り分け、周りの脂身とソースを一緒にサービスする。コンクールのデクパージュの花形である。これは、時間も仕上がりも完璧の出来で、後で知ったのだが、この課題の点数はトップであった。

次は「アイスクリーム」。クネルにしゃくり、盛り付けるだけ。これは簡単すぎて日本ではありえない課題だ。だが少し滑ってしまい、なかなかうまく盛り付けられない。

次は「カクテル」である。予め10種類のカクテルが知らされていて、そのうちの二つをつくる。課題の一つはロングカクテルのテキーラサンライズ、もう一つはショートカクテルのブロンクス。

テキーラサンライズはシェーカーを使うが、トップとボディの間に隙間が空いていたので、リトー（ナプキン）を巻いて振った。案の定、少しこぼれた。2人前を作るのだが、2杯の量もまばらになってしまった。大失敗である。ブロンクスの方も、上手くいかなかった。
　最終課題は「ワインやスピリッツのブラインドテイスティング」。
　この頃には暗記したフランス語が流暢に出て、内容が適切だったかは分からないが、「アジアから来たのに、どうしてそんなに上手にフランス語を話せるの？」と質問を受けたほどたくさん話し、審査員を驚かせた。透明なディジェスティフ（食後酒）のコメントでは「これは水ではありません」などと冗談まで言って、審査員を笑わせた。
　どうやらすべての課題が終わる頃になってようやく、田中らしさを発揮できたようである。
　しかし、結果は2位。1位だけが登壇できる表彰台に上ることは、叶わなかった。とはいえ、国際大会での筆記試験も含めた実力は、誰もが認めるところだろう。

　コンクールには、多くの応援団がいた。日本からは、フランス料理文化センター事務局長の大沢 晴美女史や、メートル・ド・セルヴィスの会のメンバーが駆けつけてくれた。パリからは吉野シェフが駆けつけて、滞在中はずっと気にかけてくれた。
　コンクールの翌日は「ステラ マリス パリ」で閉店後に吉野シェフやマダム、キッチン・サービススタッフたちが全員で祝ってくれ、帰り道、吉野シェフは「俺は嬉しい！」と叫び、号泣した。
　コンクールは、本人だけでなく周囲も幸せにするものだ。

コラム　Une chance divine　M et Mme Kazuo Ogura
（僥倖 小倉和夫様ご夫妻）

「タテル ヨシノ」ほどの高級店に勤めていると、僥倖（ぎょうこう）としか言いようのない機会に恵まれることがある。田中にとって一番の僥倖は、上皇后の美智子様と、第一皇女子の黒田 清子様にサービスをする機会に恵まれたことであった。

元フランス大使小倉 和夫様ご夫妻は吉野シェフの顧客で、吉野シェフがご自宅で料理を提供する際に、サービス担当として田中を連れて行った。その折、小倉様がお招きした上皇后様は、終始優しい笑顔で吉野シェフの料理とワインを楽しまれた。

小倉様の奥様が「田中さんは国際サービスコンクールで２位になったんですよ」と、ご紹介くださった。すると美智子様から「それは田中さん、よくぞやってくださいましたね」という、思いがけないお言葉を賜（たまわ）った。「それは、『日本のためによくぞやってくれた』という事だったのだと思う。天皇家とは、常に日本国のことを思ってくださる偉大な方々なのだと思った。その時、美智子様の周りには金粉が舞っているようでした」と、田中は独特の表現で感激を口にする。おそらく今でも、その時の輝かしい気持ちをありありと思い出すのだろう。

嬉しさのあまり、田中は名刺をお渡しすべく右のポケットの上に手を置いた。しかし、確認のために小倉様の奥様をちらっと見ると、静かに首を横に振っていらしたので、そのままポケットをポンポンとたたいて、手をおろした。

ちなみにある日奥様から「フランス料理って何だと思う？」と問

われた田中が「地方料理の集大成がパリで高まった料理だと思います」と答えたところ、「あら、いいこと言うじゃない」と、お褒め頂いた。そのうえ、それを聞いていた小倉様が「何言っているんだ。世界で2位、日本で1位になっているサービス人だぞ。失礼なこと言うな」と言ってくださり、3人で笑い合いながらも、田中は恐縮しきりであった。

2004 メートル・ド・セルヴィス杯（日本大会）

　前年3位に終わったコンクールの第11回予選が2004年9月13日、決勝が10月3日に、フランス料理文化センターにて行われた。国際大会を終えてから、まだ半年も経っていない。

　実は田中は悩んでいた。「タテル ヨシノ」に移ってきて2年目、汐留店の責任者に任命され、売り上げや数字について猛勉強中であった。また、国際大会で準優勝していたため、主催者側の事務局長である大沢女史からは審査員としての要請を受けていたが、「出場もできる」とも言われていた。

　今年で、6回目のチャレンジ。またこの年の日本大会は35歳以下という年齢制限があり、最後のチャンスとなる。しかし世界2位という立場だからこそ、優勝しなければならないというプレッシャーが、背中に張り付いて離れない。とはいえ、10年後20年後に「出ていたら、優勝で終われたかも…」という後悔だけは、したくない。

　そんな田中の背中を優しく押したのは、「出られるなら、出たら」という妻の一言だった。田中の妻は、田中以上に肝が据わっている。

　出場を決意した田中は予選を通過し、準決勝に進んだ。

準決勝出場者は15名で、審査は２段階に分けられている。

第１段階の審査内容は「フランスのＡＯＣチーズ10種類の名称、原乳、原産地、タイプを答える」「フルーツカッティングの実技」「ブルゴーニュワインのサービスとテイスティング」「外国語（英語またはフランス語）で料理の説明をし、オーダーを取る」の、４種の実技試験。

そこでトップ５に残った田中は、決勝に進んだ。

審査内容は「４名１テーブルの食事の、お出迎えからお見送りを含めた、フルサービス」である。田中のテーブルのゲスト審査員は、故見田 盛夫氏（料理評論家）、江上 栄子氏（料理研究家）、フランス人フィリップ スタンダール氏（MOF・フランス国家最優秀職人章を持つサービス人）の奥様、ホスト役には駒井 正義氏（メートル・ド・セルヴィスの会監査役）。錚々たる顔ぶれに、田中は奮い立つ。

最初から日本語とフランス語を駆使して、シャンパーニュサービス、前菜料理のサービス、魚料理はクロッシュサービス、ワインの説明。メインコースの仔鳩のデクパージュ、チーズとデザートのワゴンサービス、コーヒーも一番先に出して、何一つ文句のつけようがない、完璧なサービスの内容だと田中は思った。

10月５日、セルリアンタワー東急ホテルにて催されたガラディナーにおいて５名は最終課題である「洋ナシのフランベ５エピス」を行い、そこで優勝、準優勝、３位が決まる。

国際大会で準優勝を果たしていた田中は、さすがの実力を発揮して優勝した。プレッシャーにも見事に打ち勝った。

プレッシャーは、本人だけが感じるわけではない。主催者側のスタッフも、田中の背景を知っているだけに、本人のプレッシャーを我がことのように共有していたである。
　田中は予選から自分はずっと1位だと思っていたが、実は予選・準決勝・決勝とギリギリで残っていたことを知っていた大沢事務局長とスタッフの新村氏は、ヒヤヒヤしっぱなしだった。だから田中が優勝したら、安堵し、泣いて喜んでくれた。優勝して当たり前だと確信していた田中は、最初その意味がわからなかったというのだから、かなりお目出たい。

　しかしながら、「コンクールで戦う自分の姿を、スタッフに見せたい」と考えていた田中にとって、優勝は副産物にすぎなかったのかもしれない。また、コンクールで好成績を収めたことで、田中は改めて日々の仕事の大切さと、多くのお客様に支持されることの重要性に気付いた。「たかがコンクール、されどコンクール」と田中に言わしめる所以なのだろう。

　現在、「タテル ヨシノ」から毎年、何人かがコンクールに出場している。田中がコンクール出場を勧める理由はいくつかある。
　一つは、「同じ『志』を持つ仲間を増やしてほしい」という願いだ。高い意識と強い覚悟を持った仲間を持てば、自ずと切磋琢磨する関係性が構築できる。
　また、「戦う場所は外にあるという意識を持ってほしい」という気持ちもある。自分のいるレストランの中では、互いに助け合うものであり、戦うべきではないと考えているからである。

結果として、サービス人としても、人としても、向上できる。それは、サービス業界全体の向上に繋がる。
　田中は「サービス人の成長と育成」にまで視野を広げながら、コンクールというものに向き合っているのだ。

　田中は今、「メートル・ド・セルヴィスの会」の副会長という立場でもある。メートル・ド・セルヴィスの会は非営利団体で、過去のコンクール入賞者が中心となって活動している。その内容はコンクールの運営、講習会の開催、会員の所属しているレストランでの食事会など、多岐にわたる。田中は、講習会の講師として登壇したり、ホームページの管理役を務めたりしている。
　メートル・ド・セルヴィスの会の活動を通じても、人材育成にますます尽力してほしいものだ。

コラム　L'arrivée d'un disciple M Tomoyuki Fujii
（飛び込んできた弟子　レストラン花の木（福岡・博多）　藤井智之）

　藤井氏の働く「花の木」は、福岡の老舗高級フランス料理店だ。にもかかわらず、藤井氏は教えを乞いたいと田中の門を叩いた。きっかけは、田中のコンクール優勝後のインタビュー記事の「たかがコンクール、されどコンクール」という一言である。
　藤井氏もコンクールにチャレンジしたことがあったが、成績は振るわなかった。その後はコンクールに対して少し斜に構えた見方をしていた。しかし、田中の「サービスは、本来はお客様のためであり、コンクールよりもそちらの方が大事だ」という言葉が胸に深く刺さり、この時代にまだこういう方がいたのだと心が震えた。

そこからの藤井氏の行動は素早かった。早速パソコンで田中を検索し、たまたま講習会で一緒になった「タテル ヨシノ」のスタッフに紹介してもらい、「1週間でいいから、勉強させてほしい」と頼み込んだ。まるで、飛び込み営業みたいだ。

　研修中は見るものすべてが新鮮だった。それは、お客様との距離感や接し方と、それを裏打ちする圧倒的な技術だった。例えばデクパージュなどは、田中は基本に忠実な技術や手順を理解したうえで、それを削ぎ落していく。それは食事のペースや時間などお客様の要望を見極めたうえで、より良いタイミングでより美味しい料理を提供したいという思いからだ。

　講習会でのデクパージュはわかりやすく、ゆっくり教えられることが多い。しかし田中のそれはとにかく早くて、綺麗。しかも、お客様とニコニコ話しながら切り捌いている。「タテル ヨシノ 銀座」のマネージャー濱田氏から、「あの方、外科医の資格をお持ちですか？と、医師であるお客様から言われたことがある」と聞いたそうだ。手術並みの手際ということか。これらはレストランの現場だけで学べる技術である。
　藤井氏は、コンクールに再びチャレンジすることを決めた。そんな藤井氏に「まだまだ接客が硬い、もっと柔らかくしろ」と、田中は今でもアドバイスを惜しまない。

　田中は、「私は藤井を30分の飲みの席で、2回も泣かせた」と、得意げに教えてくれた。しかし、初めて会って1週間でそこまで胸

襟を開けるものであろうか。田中は聞き上手なのであろうか。

　そういえば、田中は以前「興味を持ったことは、なんでも聞く」と言っていた。「ある程度のプライベートは知っておく必要がある。プライベートも犠牲にすることがある仕事なので」とも言っていた。
　質問の中には、時として好奇心から派生する品のないものも少なくない。しかし田中の質問は、それとは一線を画している。だからこそ、田中に聞かれたら、みんなどんなことも喋ってしまうのかもしれない。

第2章　メートル・ドテルへの道

田中優二は、1968（昭和43）年12月26日、東京・目白の聖母病院で、田中家の次男坊として生まれた。ちなみに予定日はイブだったらしい。聖母病院でイブなら格好いいのに、と少し残念がっていた。
　「私は戦国武将が大好きで、徳川家康と同じ日の生まれです。でも周りは、信長か若き日の前田利家のようだと思っているんじゃないかなぁ」と、田中は笑う。ちなみに自分では石田三成、その前は真田幸村のようだと勝手に思っていたらしい。自分をたとえる武将はその時によっていつも違うようだが、それは自分の立場や思いの変化に伴っているのかもしれない。

　両親が共働きだったため、小学１年生の時から鍵っ子であったが、石神井公園の団地近くの不良のお兄さんたちに可愛がられていたようだ。おそらく素直さとヤンチャさが混在しているチャーミングな子供だったのだろう。今の田中にもそれらが混在しているので、容易に想像がつく。
　小学４年生で東京から埼玉へ引っ越してきた時は「都会から来た格好つけたやつ」と思われ、いじめられたようだ。だが「負けず嫌いなんで、戦いましたよ！」と鼻息荒く田中は語る。田中は今でも負けず嫌いである。
　中学に入ると、その頃の流行から非行に走る傾向があったものの、体育会の良い先生や先輩、仲間に恵まれた。ここでも素直で人懐っこい性格が幸いしたのだろう。
　人を選ばず、懐に飛び込んでいく様は、信長でも家康でもなく、周りを魅了していた「愛すべき人たらし・秀吉」のようでもある。
　食生活に関しては母を困らせていたようで、小さい頃は好き嫌い

が多かった。シラスと卵焼きとご飯しか食べることができなく、栄養失調気味であったそうである。今の田中は恰幅が良く、この世の美味しいものを存分に楽しんでいるようにしか見えないから、およそ信じがたい話である。

　田中が今のように「食」に興味を持ち始めたのも、フランス料理を食べられるようになったのも、ホテルで働き始めてからだ。巡り合った職業が、田中を栄養失調から救ったことになる。

サービスとの出合い

専門学校　日本ホテルスクール

　高校3年生ともなると、今後の進路を決めなければならない。当時通っていた高校では、大学に進学する者はあまりいなく、選択肢は就職か専門学校のいずれかであった。

　特にやりたい仕事がなく、仕方なく専門学校に進んだ。しかし人と接する仕事に興味を持ち、煌びやかなイメージのホテルに魅力を感じて、専門学校日本ホテルスクールを自ら選んだのは、田中が自分の潜在能力を知らないうちに感じ取っていたからかもしれない。

　なかなかの洞察力である。というのも、そこから田中は「水を得た魚」のように生き生きと活動し始めるからである。

　田中は、その能力をまずはアルバイトで発揮し始めた。舞台は地元埼玉・北本のカラオケスナック「アミューズ」である。親友の3歳上の兄と二人で切り盛りしていた。年配の女性客が多く、デュエットを歌ったり一緒に踊ったりと、結構人気者だったらしい。

当時の写真を見ると「ジャニーズ事務所にいてもおかしくない」という田中の主張も、荒唐無稽ではないかもしれない。確かにきれいな顔立ちをしている。おばさまキラーといったところか。

　この学校では、2年間のうち9か月はホテルでの実地研修を行う。その話をし始めると、田中の顔は途端に嬉しそうになる。よほど楽しいことばかりだったのだろうと、勝手にこちらが思い込んでしまうほどだ。しかしそれは大きな勘違いだったと、後で気付かされた。
　最初に配属されたのは、「高輪プリンスホテル（東京・品川）」のコーヒーショップ。ここでは夏場ということもあり、プールサイドのラウンジを体験する。「バブル全盛の時代であり、見たこともない水着の勉強になった」と、田中は時々こういった意味不明のことを言って人を煙に巻く。水着を着た女性にばかり目が行っていたに違いないのだが。
　とはいえ、プールサイドでの仕事は熾烈を極めるはずである。何しろ暑い。連日暑い。そのさなかに、屋外でアイスコーヒーや生ビールをサービスして回るのだから、大変に違いない。だが、田中の話からはそういったことを微塵も感じない。

　実はここで、最初の憧れのサービス人と出会う。配膳をしていた原氏である。華やかなホテルで働くというステータスと、原氏の仕草が醸し出す格好良さが、田中に仕事の面白さを与えた。
　また、原氏は社員ではなく配膳会社からの派遣だった。そのことは田中に「サービスの質は、その人に付随する」ということを実感する機会になったのではないだろうか。

次に配属されたのは「ヒルトンホテル東京（東京・新宿）」の中国料理レストラン。バスボーイという立場で、料理の運びや下げ、掃除などが主な仕事だった。
　ここで田中は「ヒルトン流」という洗礼を受ける。どんなに忙しくても、料理は一つしか持ってはいけない。しかもお客様の見えないところであっても、走ってはいけない。効率性とは真逆のスタイルに田中は納得いかなかった。しかしこの「風を感じさせないサービス」が、後年の極上のレストランでの、優雅な所作につながったのだろう。
　ヒルトンホテルは、仕事に直結する勉強の貴重な機会でもあった。休憩時間に英語の教育を受けたのである。それも研修専門の外国人が来て教えてくれたのだから、ヒルトンの面倒見の良さには頭が下がる。
　ここでも田中は人気者であった。若い先輩たちに可愛がられ、研修最終日には「研修生は数人いたのに、自分だけ特別に全日空ホテルの中国料理に連れて行ってもらった」と、得意げに田中は話す。
　研修が延長になったのだから、仕事ぶりも認めてもらえたのだろうが、嬉しそうな田中は本当にわかりやすい。

　ヒルトン時代は、叔父との思い出が詰まった時期でもあった。
　母の弟である叔父は、独身で東京の中板橋に住んでいた。ヒルトンでの勤務時間は長く、自宅のある桶川への最終電車に間に合わないことも珍しくなかったので、田中は叔父の家によく泊まっていた。
　鮨屋の板前である叔父は、大人の先輩としてパチンコやカラオケ、鮨などなど、いろいろな経験をたくさんさせてくれた。中学時代に

家出した時も、思いっきり焼き肉を食べさせてくれて、翌朝には「しっかりしろ」と駅まで送ってくれるような、懐の深い人だった。
　長男でもなく、独身で子供もいないのに、お墓をきちんと守ろうと考える、律儀で責任感のある人でもあった。しかし叔父は、寂しい最期を迎えてしまった。

　「本当にお世話になった。なんの恩返しもできないままで、本当に後悔している」と、心の痛みを覆い隠すような声で、田中はそう話した。そして、叔父さんの運転免許証を見せてくれた。いつもこれを形見として、大切に財布に入れて持ち歩いているのだ。
　深い懺悔から目を反らすまいと歯を食いしばる、自戒の姿がそこにあった。今でも己を責める田中に、なぜ人は田中を可愛がるのか、その理由の一端を垣間見た気がした。

　3番目の研修先は「京王プラザホテル（東京・新宿）」のハウスキーパーだった。「ここの仕事は面白くなかった」と、田中は正直だ。
　しかし、そこでも素敵な人物との出会いがあった。ミュージシャン志望のアルバイト、荒巻先輩である。田中は「ベットメイクも教えてもらったけど、それ以上に彼から人生の光と影を見せてもらった」と言う。その詳細は定かではないが、毎日楽しくて、笑ってばかりいたというから、若い田中がこれからの人生を前向きに考える、いいきっかけになったようだ。

　専門学校の研修を、単位を取るための手段にすぎないと考える学生も少なくないだろう。研修を通じてサービス現場の厳しい現実に

触れ、他の職種への変更を考える学生もいるだろう。

　しかし田中は、行く先々の研修で困難さえも楽しみに変え、自分のモデルとなる人々と出会っていった。いや、出会ったというのは間違いかもしれない。田中は目の前の人物から何かを感じ、それを貪欲に学び取ろうとしたのだから、モデルを「発掘」していったというほうが正しいだろう。

　そして、そうした姿勢は、社会人になってからも続く。

都ホテル
　いよいよ就職活動の時期となった。田中が目指したのは「近鉄都ホテル（現シェラトン都ホテル・東京白金）」だ。理由は「そこは一番早く内定が取れて、ここに決まればその年の夏は、真っ黒に日焼けして遊べたから」。いかにも、彼らしい。

　無事就職が決まり、彼が希望したのは料飲関係であった。当時放映していた「ホテル」というドラマでは、フロントがホテルの中枢のように描かれていた。事実フロントは、ホテルのスター的なポジションとして学生に人気が高い。しかし田中にとっては、そんなことは全く心に響かなかった。

　その理由も彼らしい。「食に関する仕事の方が、楽しいと思った。それにベルボーイやフロントが接客するのはたった5〜10分、でも食事だと2時間くらい。私はお客様と長い時間ドラマや感動を共有したかった」。

　コーヒーショップとバイキングのレストランに配属された彼は、泊まり勤務というものを初めて経験することになる。眠たい盛りの年頃である。最初の頃は朝起きられなくて、先輩によく怒られた。

新たな試練である。

　そのうえ、貴重な仮眠時間を割いて毎日のように行われる「飲み会」兼「先輩からの説教」兼「新入社員によるかくし芸大会」にも付き合わされる。ある意味理不尽で、思いきり厳しい上下社会である。

　しかし田中はここを上手く乗り越えた。しかもそれを楽しんでもいた。なぜなら彼は中学・高校6年間の野球を通じて、それこそ理不尽で厳しい上下関係を体験済みだったからである。先輩に対する態度と対応を学んだことで、こうした試練を試練と感じない逞しさをいつの間にか身に付けていたのだろう。

　そして、目覚ましがなくても目的の時間に起きられるようになった頃、後輩が入ってきた。

　このホテルでも、田中は憧れの人と出会う。バー「チューダー」のマネージャー高橋氏である。このバーは英国のチュードル王朝を再現したような厳かな雰囲気のバーで、都内のシティホテルでも屈指のメイン・バーであった。とはいえ、すべてのお客様が上質とは限らない。ある時、外国人のお客様が酔って、絨毯の床に唾を吐いたり大声を立てたりして、他のお客様の迷惑になっていた。

　その失礼極まりない振る舞いに怒った高橋氏の行動は、伝説となっている。高橋氏は上着を脱ぎ、部下のバーテンダー全員にも上着を脱がせ、蝶ネクタイを外させた。そして、みんなで外国人を取り囲み、胸ぐらをつかんで、「Get out！」と何度も叫び、追い出したのだ。その瞬間、満席のお客様全員から拍手が湧きあがったという。

　その話を聞き及んだ田中は、感動して胸が震えた。

高橋氏の対応を、およそサービス人らしからぬと非難する人もいるかもしれない。しかし自分が愛する仕事場と大切なお客様を守ろうとする時、高橋氏はそんなことは考えもしなかったのだろう。
　お客様は時に無礼で、理不尽である。それでもサービス人は低姿勢で対応することが多い。しかしそれが本当に正しいことなのか、義憤に駆られながら考えさせられることが少なくない。当時はおそらく、お客様とサービス人は主従関係であるという観念がまかり通っていたはずである。それを超越した高橋氏の行動は、田中にとってお客様との関係性を考えさせる、得難い機会になったことは想像に難くない。

　高橋氏は自分の兄と話す時にも、「血のつながり…」などヤクザみたいな言葉を使うので、新入社員たちはビビっていた。しかし「仁義なき戦い第3弾　代理戦争」といった、いささか物騒な映画が大好きでビデオで何回も見ていた田中にとっては、高橋氏は憧れの対象でもあった。
　その高橋氏がシェーカーを振る姿が格好良くて、自分もあんな風に振れるようになりたいと思うようになった。
　そこからの田中には、就活時のふんわりとした気持ちは、もうない。なんと寝る間を惜しんで、一人で練習を始めたのである。バイキングレストラン「シルバーヒル」の朝食を担当する時は、少しだけ仮眠を取り、朝食の準備を先に済ませ、朝4時から2時間くらい一人で黙々とシェーカーを振った。少しはできるようになったかなと思ってからは、先輩にも見てもらった。1年ほどで「都ホテル8の字振り」をマスターしたという。変われば変わるものである。

田中は今も、「タテル ヨシノ 銀座」のバーカウンターで、時々シェーカーを振る。広報の渡部知香女史が「その姿が、すごく格好良いんですよ！」と、驚きを交えながら私に話す。デクパージュやフランバージュ（料理の仕上げとして、アルコール類をかけて燃やす）など、華やかなゲリドンサービス（最後の仕上げをテーブルの横でするサービス）をこなす田中の姿を、渡部女史はこれまでさんざん見てきたはずである。にもかかわらず、絶賛したのは、シェーカーを振る姿なのだ。

　それを聞いてまんざらでもない様子の田中は、その理由を語った。
　シェーカーをマスターして10年ほど経った時、それがいかにサービスの技術に反映できているかということに、たまたま気付いた。シェーカーを振り続けた田中の手首の動きは、力強いうえにしなやかとなっていた。そしてそれは熟練の時間と経験が必要なデクパージュに大いに役立ったのである。特に鴨の場合は腿の関節が固く、その骨の関節を外す時に力任せだと、すっぽ抜けて肉がテーブルにはねてしまうことがある。だから、力の加減を調整できる手首のしなやかさが必要となるのだ。そしてその成果は、後年のコンテストでも存分に発揮された。
　たかがシェーカー、されどシェーカー。どんなことも、必ず何かに繋がっていく。若い時に得たものは、特に必ず何かに繋がっていく。しかし今の若者には、あまり貪欲さというものを感じない。
　また、フランス料理店での食前酒は、グラスシャンパーニュなどシェーカーを使わないものが多い。だからこそ、あえて若いスタッフの前で田中はシェーカーを振って見せるのだ。

シェーカーを使いこなすようになってまもなく、田中はメインダイニング「グリル ラ クレドール」に異動となった。フランス料理との本格的な出合いである。そしてそれは、田中をメートル・ドテルへの道に推し進める人物との運命の出会いでもあった。金子 龍彦支配人である。「金子さんがいなかったら、フランス料理のサービス人として一生を賭けることはなかった」と、田中は言う。

　金子氏は「とにかく格好いい！」の一言。東京で初めての本格フランス料理店で、誰もがその名前を耳にしたことがあるマキシム ド パリ（東京・銀座）でメートル・ドテルをしていた金子氏は、都ホテルの他のスタッフとは雰囲気からして違っていた。自分のお客様（女性）がいらした時に入り口でビズ（フランス風の挨拶のキス）をする姿に、生粋の日本人でまだ若い田中はかなりのカルチャーショックを受けた。また、お客様にメニューを見せることはほとんどない。相手の好みを熟知して、その日の完璧な食事を金子氏が予め組み立てて提供するからである。お客様は安心してすべてを任せ、心おきなく食事を楽しみ、多額のチップを置いて帰っていくのである。

　グリル ラ クレドールは東京では数少ない、ゲリドンサービスを誇る店であった。特に難しいとされる鴨や鳥、家禽類のデクパージュにおいて、金子氏のそれは目を見張るほど華麗で美しかった。技術だけではない。タキシードの着こなし、身のこなし、歩き方、仕草、お客様との会話、キッチンに対する威厳など、すべてがお手本で、特に後ろ姿が抜群に格好いい。自分もいつかこうなりたいと、田中は心から思ったのである。

金子氏は、人としても温かいものを持っていた。ある日金子氏はお客様に呼ばれ、「とてもいいサービスだった。あなたはいい部下を持ちましたね」と、お褒めの言葉をいただいた。感動した金子氏は仕事終わりの打ち上げの席で、その言葉と感謝の気持ちをスタッフに伝えた。まだ駆け出しだった田中は、金子氏の部下の一員であることが嬉しくて、深夜タクシーの中で号泣しながら帰宅したのだった。
　金子氏に心底惚れ込んだ田中は、金子氏の一挙手一投足が気になって仕方ない。お客様ではなく、金子氏だけを見て仕事をしていた。少しでも金子氏に近づきたくて、４年間勉強と練習を毎日続けた。それは田中だけではない。その時働いていたスタッフ全員が、少しでも金子氏の力になりたいという思いだけで仕事していた。

　「金子さんはダメ男でした。自分も酒を飲んだらダメ人間になってしまう。そんなことまで、金子さんから学んでしまった」と、田中はなぜか嬉しそうに言う。だが、ダメな部分を見せるということは、愚直さや不器用さをありのままに開示するということでもある。
　格好悪いから、格好良い。だから、人は意外とダメ人間が嫌いではない。そして田中も、愛すべきダメ人間である。

　このレストランには、金子氏の他にも頼りになる大先輩たちがたくさんいたので「思い切り仕事をさせてもらえて、毎日が楽しくて仕方なかった」と、田中は言う。先輩たちは、いつもはバックヤードでコーヒーを飲んだりしているが、若手がミスをしてお客様を怒らせた時にスーッと出てきて、何事もなかったかのようにコンプレ

イン（苦情）を片付けてくれたりもした。怒りや恥ずかしさやらでパニック状態になっている田中達は、まるで魔法を見ているようだった。常連客に「ここは、空気がいいんだよ」と、よくおっしゃっていただけた。その言葉からも、職場の風土が感じられる。

田中はここで、社会人としての基本と接客を学び、フランス料理の基礎を身に付け、上下関係を再認識し、人間関係の素晴らしさを体感した。

約6年間の都ホテル勤務を経て、田中は次のステージへと進んでいく。

コラム　Crêpes flambées M et Mme Hideyoshi
（クレープ フランベ　秀吉様ご夫妻）

グリル ラ クレドールには、毎週通ってくれる顧客がいた。近隣にお住まいの秀吉様ご夫妻である。田中は、おそらく豊臣秀吉の末裔ではないかと思っている。

ある日田中はご夫妻と世間話をしている時、「クレープ フランベが上手くなりたい」と言った。クレープ フランベはフランスのデザートで、砂糖とレモンとバターでキャラメルを作り、オレンジジュースとオレンジリキュールでソースを作り、クレープを扇形に折り、コニャックでフランベする。客席のすぐ横でワゴンの上で作り上げて提供するものである。フランベによる炎のパフォーマンスは、香り豊かで華やかである。一方、薄く手焼きをしたクレープや味わい深いカラメルソース、美しい所作でオレンジを桂剥きにし、そこへ燃えたぎるコニャックを流すこともあるなど、いろいろな技術が必要となる。当時一人3,000円、二人前以上のオーダーとあるので、

なかなか実演する機会がないのも致し方ない。
　それを聞いたご夫妻が翌週「クレープ フランベを…」とオーダーしてくださった。好機到来である。しかしながら、すぐに完璧にできるほど簡単なものではない。特にカラメルソースが難しい。最初は、カラメルが焦げて真っ黒に。香り豊かにはほど遠く、味わいもかなり怪しい代物となった。
　「お代は結構です」と言いたいところだが、お支払いはメニュー表のまま。新米の田中としては、ただただ身を縮めて計算書をお渡しするしかない。

　それでも翌週、また翌週と、ご夫婦はクレープ フランベをオーダーし続けてくださる。当然のことながら田中の腕もどんどん上がった。おそらく5〜6週目くらいであろうか、ようやく田中が納得できる、カラメルソースが金色に輝く、香りも味わいも合格点のクレープ フランベが仕上がった。そしてそれは、田中の成長を見届けたご夫妻がクレープ フランベをオーダーする最後の日となった。

　田中は、今でもお二人の優しいお顔を覚えている。現在、田中がクレープ フランベをできるようになったのは、紛れもなく秀吉様ご夫妻のおかげである。
　遠くを見つめながら問わず語りに話す田中の目の奥には、懐かしさと、心からの感謝と、ほんの少しきらりと光るものが見て取れた。
　「私は本当に幸せ者だ」と、深呼吸をするように、田中は何度もつぶやいた。

タイユヴァン・ロブション

　1993年、田中は雑誌『グルメジャーナル』で、翌年東京・恵比寿に「タイユヴァン・ロブション」が開店する、という記事を目にした。
　「タイユヴァン」と「ロブション」は、共にフランス・パリにある世界最高のレストランである。「タイユヴァン」は、当時田中が知る限り世界一と言われたサービスと、最高峰のワインリストを誇るレストランである。そして「ジョエル・ロブション」は、20世紀最高の料理人であるジョエル・ロブションが率いている。この双璧を成す二つのレストランが、東京で一つのレストランになるというのだ。二つの3ツ星と、当時経営していたサッポロビールのラベルに付いている1ツ星を合わせた、7ツ星レストランの登場だ！　と例えられるほどの、まさに世界最高のレストランである。
　田中はなりふり構わず、入社試験を受けた。「給料もいらない。タイトルもいらない。何でもやるから入りたい」と、面接で訴えたのだ。当時の総支配人が、偶然金子氏の知り合いで、「金子さんのところにいたのなら」と認められ、オープニングスタッフとして採用された。

　田中はここで、世界最高のフランス料理と出合う。
　シェフは、パリのロブションからフランス人のモーリス　ギルウェット氏が派遣された。サービスでは、総支配人はサービス界の重鎮である下野　隆祥氏、プルミエ・メートル・ドテルはフランス人のミッシェル　ドレピンヌ氏、そして日本人のメートル・ドテルは松木　一浩氏など。まさに錚々たるメンバーである。その中で田中は、シェフ・ド・ランとして、腕を振うこととなる。

とはいえ、毎日がプレッシャーと緊張の連続で、営業中に震えない日はなかった。何をしても怒られる。何をしても思うようにいかない。一体自分は今まで何をしてきたのだろうと、これまでの経験をすべてリセットしなければならないほど、田中の世界が激変したのだった。

　　　コラム　　　Grâce à Tanaka M et Mme Hidetoshi Azuma
（きっかけは田中　札幌らーめん五丈原店長　東 英俊様ご夫妻）

　東 英俊氏は、田中と出会ったことで、フランス料理にはまった。たいしてフランス料理に興味がなかった東氏だったが、2002年にたまたま目にしたタイユヴァン・ロブションの記事には好奇心をそそられた。「パリの3ツ星レストラン2軒が共同で、恵比寿にお店を開いている。6ツ星レストランだ！」と書かれていたのだ。

　東氏は早速、妻に説得を試みる。「どうせこの先、こんな高い店なんて行くことないんだから、試しに行ってみない？」「高くっても、これっきりだって。こんな高級な店に行ったら、満足して、もうフランス料理なんか行きたくなくなるって！」「最高を見てみようよ！」

　奥様の反撃をかわし、説得に成功した東氏は、予約の電話を入れる。「初めてなんですが、いいですか？」

　東京に着いたご夫妻は、荷物を抱えたまま、下見に出かけた。お城のようなタイユヴァン・ロブションの入り口のお兄さんに、こう挨拶した。

　「今日の夜、食べに来ますんで、よろしくお願いします」。

　夜の7時半、一張羅に身を包んだ東氏は、こんな高級レストラン

に行ったことがなく、怖かった。足がブルブルと震えていたらしい。受付のお姉さんに名前を告げ、コートを預けると、ドラマ「王様のレストラン」に出てきた千石氏（松本幸四郎）と似たような格好をした人が現れ、「東様、お席にご案内します」と、にっこり微笑んでくれた。気持ちが幾分落ち着く。それが田中であった。

「田中さんは物腰が柔らかで、語り口調がやさしく、なんといっても笑顔が素晴らしい。心の底からの『ようこそいらっしゃいました』という気持ちが見えてきて、安心して彼に任すことができた」。当然のことながら素晴らしい料理が次々と現れたが、正直なところ何を食べたのか忘れてしまった。しかし田中のサービスと話術は、料理やワイン以上に胸に刻まれた。

その1年後、500円貯金をしていた東ご夫妻は、満を持して再来店した。美味しかったは美味しかったが、田中がいなくて失望した。サービスによってこんなにも食事は変わるのかと、東氏は実感した。以前のように心から食事を楽しませてくれる田中の存在は、それほど大きかったようだ。

その次の年、吉野シェフの番組で田中を偶然見つけた東氏は、田中との再会を果たすことになった。「タテル ヨシノ 芝（東京・芝公園）」である。今度は、ご家族と個室で食事を楽しんだ。そしてそこで、田中の鳩のデクパージュにしびれた。田中の周りを子供たちが走り回るというカオスのような状況だったが、素晴らしかった！ と、笑いながら東氏は語る。

東氏は、タイユヴァン・ロブションに行ったことをきっかけに、フランス料理にはまっていく。フランスの3ツ星レストラン20軒

は、全て制覇した。2ツ星や1ツ星に至っては、何十軒だか数え切れない。それはやはり田中のおかげだと言う。食事が本当に楽しかったから、他の店でも楽しみたいと思ったのだ。

　そこで、東氏にフランスの3ツ星レストランのサービスのことを尋ねてみた。やはりサービスに歴史を感じるし、重みも感じるとのことである。しかしながらどこに行っても「田中さんはきっと、ここでもトップになる人だろうなぁ」と、感じるらしい。

　田中のサービスのどこがそんなにいいのかと訊くと、「かゆいところに手が届くんですよねぇ。例えば、ふと、もう少しパンがほしいかなと思った瞬間に、パンが目の前に出てくるんですよ。驚きますよね。なんでわかるんでしょうかねぇ。田中さんはエスパー（超能力者）じゃないか、って妻と話したりするんですよ」と、東氏は思い出して笑う。

　また、煙草を全く吸わない東氏に、田中がシガーを勧めたことがあった。「普通なら絶対ありえないことなんですが、田中さんが勧めるんならきっといいんだろうなぁ」と思った東氏は、結果として、思いのほかシガーを楽しんだようだ。

　田中は、新たな発見と学びを提供したのだ。

　お客様の気持ちを察して「お客様が言わないニーズ」に対応することは、プロとして当然のことである。しかし田中の場合は、「お客様がまだ気付いていないニーズ」まで察して提供しているのではないだろうか。だからこそ、お客様は驚きと感動に包まれながら、食事を心ゆくまで楽しめるのかもしれない。

タイユヴァン本店（パリ）

　3年目を迎える頃、田中はタイユヴァン本店（フランス・パリ）への2週間研修メンバーに抜擢された。しかし当時、田中はフランス語が喋れない。喋れなければ、仕事にならない。

　そこで渡仏する前の半年間、毎週日曜日にフランス語の個人レッスンを受け続けた。先生は、以前タイユヴァン・ロブションでレセプションを担当していたドゥニ オザンファン氏だ。「今までこんなに勉強したことはなかった」と言うほど、田中は必死だった。

　座学という意味では、これが初めての試練だったかもしれない。しかし集中力と継続性という点では、シェーカーの時と同じである。この二つは、田中の大きな才能と言っていいだろう。

　そして晴れて、研修に旅立つのである。

　初めてのヨーロッパ、初めてのパリ、初めての海外での仕事と、初めて尽くしの田中は、かなり心細かったはずである。

　しかしここでも、田中は人に恵まれる。メートル・ドテルとして一緒に研修に参加した先輩、山地 誠氏である。彼とは仕事帰りに一杯ビールを飲んだりするなど、始終仲が良く、おかげでいつもリラックスして過ごすことができたという。

豪遊

　研修中の学びは、レストランの中だけではない。3ツ星レストランやその他のレストランでの飲食も、重要な経験値となる。フランスにいるからこそ出来る、生きた勉強である。しかもその食事代や交通費は、会社がすべて負担してくれるのだから、随分恵まれている。というか、それをいいことにずいぶん豪遊したらしい。

星を持つレストランは、パリから遠いことも珍しくない。田中は時間を見つけては遠出して、チーズの熟成地やワインの醸造所を巡り、なかなか出合えないような高額なワインを堪能したり、タイユヴァンに敬意を表するレストランの好意で、いろいろな料理を特別に楽しませてもらったりなどなど、したい放題である。

会社としてはたまったものではない。さすがに翌年から、高いレストランは1件だけ、という縛りができてしまった。もっともである。

とはいえ、この豪遊で得るものは大きい。

高級レストランの顧客は、他のレストランにも通っているし、食事やワインに対しての造詣も深い。まして日本の顧客は、フランス料理だけでなく、鮨、日本料理、中国料理、イタリア料理など、あらゆる食事や酒の味覚が、怖しく鋭い。

そんなお客様の好みを探り、満足のいく提案ができるようになるためには、まずは自分の全神経を使って、あらゆることを体感することが不可欠だ。また、その雰囲気に慣れることが重要で、それがオーラとなって現れる世界でもある。

この豪遊のおかげで、田中は本物を知ることの楽しさと意義を会得し、その経験値がオーラになっていったに違いない。

■ コラム ■ Apprentissage auprès d'une cliente Mme Kazuko Kihara
（育てる顧客　木原和子様）

田中には、タイユヴァン本店での豪遊のような経験をさせて、田中を育てた顧客がいる。木原 和子様である。お住まいは東京だが、月に一度、今は無き日本料理の名店「桜田」で食事をするためだけ

に、京都を訪れていた。その桜田のご主人が吉野シェフと知り合いで、2003年の「タテル ヨシノ 芝」のオープンを木原様に紹介していただいたのが、ご縁の始まりである。

「桜田」がご贔屓(ひいき)である木原様は、フランス料理はあまりお好みではなかったらしい。だが吉野シェフの料理をお気に召し、月に一度二度、多い時には四度もいらしてくださる、ソワニエ（超顧客）になってくださった。

ある日木原様が「スズキのパイ包み」をオーダーされた時、「パイは重たいので、外してください」とおっしゃった。通常ならお断りするか違う料理を勧めるところだが、特別にパイを外してお出しした。後に分かった事だが、かのポール・ボキューズ氏のスペシャリテの中にも同じ料理があり、ボキューズ氏は「スズキのパイ包みのパイは食べなくてもいい」という見解だった。なんと、食通の木原様とグランシェフの考えは、繋がっていたのだ。

木原様の希望を最優先にしていた田中は可愛がられるようになり、かれこれ16年もの間、月に二度ほどは東京の高級店に、そして年に二度ほどは京都の「桜田」にも連れて行ってもらった。銀座の生粋の江戸前鮨店「大河原」には毎月で、それだけでなくとにかく美味しい高級店にお連れ頂いた。

これほどまでに田中を気に入っていただいた理由は、何なのだろう。田中は、一体どんなサービスをしているのだろうか。こればかりは、不思議で仕方ない。

「サービス人はとかく調子がいいとか軽いとか思われがちだが、本当は、信頼される大人の仕事だ」と考えている田中は、メートル・ドテルという立場を通してその姿を追求している。木原様に対して

も、「一人の大人として信頼されること」を大切にしながら接しているのかもしれない。だからこそ、木原様は安心して田中をあちこちにお連れくださったのではないだろうか。

　「遠慮するのは、かえって失礼なのよ」との木原様の優しい言葉をいいことに、田中は食べたいものを食べ、飲みたいものを飲み、存分に食事を堪能させてもらった。時には「一番高いお酒をください」と言い放つこともあった。まるで息子のような甘えん坊ぶりである。しかしそんな田中だからこそ、木原様は一緒にいて楽しかったのかもしれない。
　ロブションに行く時は、事前に木原様の好きなものをスペシャリテでオーダーしておき、後の一品はその場で決める。そしてそこでは、昔の自分を思い出し、当時と今のロブションの違いを感じ取ることができる。原点回帰だ。

　田中は、「人生の中で一番たくさん食事に連れて行ってもらい、気兼ねなくお言葉に甘えられ、一番信頼できるお客様だ」と、まるで自分の身内のように誇らしげに語る。「木原さんがいなかったら、今の私はいない。高級店での経験が、今の私を創っている」と、しみじみと田中は言う。その通りだろう。
　「美味しいものを食べないと戦えない」と、田中は言う。お客様と同じように美味しいものや空間を知っていないと、サービスも料理の説明もできないからだ。
　サービス人はお客様に育てられるものだが、木原様に出会い、育てられた田中は、なんと幸運だろう。

ブリナ氏とジャンマリー氏

　パリのタイユヴァンが、当時24年以上とパリで最も長くミシュランの３ツ星を維持できたのは、「政治的にも対外的にも、オーナーであるジャンクロード　ブリナ氏の存在が最も重要だった」と田中は言う。2008年にブリナ氏が亡くなると、ジャンマリー　アンシェとアラン　ソリヴェレスシェフで２ツ星を維持してきたが、現在は１ツ星になってしまった。しかし田中の心の中で、研修当時のパリのタイユヴァンは、お客様もサービス人も料理人も本当に素晴らしい世界一のレストランとして、今も記憶の中で君臨している。

　ブリナ氏はオーナー兼卓越したサービス人で、政治や経済の会話もそつなくこなしていた。圧巻は、当時現役の書記長だったゴルバチョフ氏と対等に話す姿だったという。国賓であってもそうでなくても、店にとって大事なお客様であることに変わりはなく、むしろ店を愛してくださるお客様は何物にも勝るという、ソワニエへの心得を学んだ。

　また、日本の雑誌の記者から「『どこに行っても良いサービスを受けられない』とお嘆きの方々に、一言」とアドバイスを乞われると、ブリナ氏は「自分の胸に手を当てて、聞いてみてください」と言い放った。

　とはいえ、ブリナ氏のサービスはこよなく優しい。お客様に対して「友達を自分の家に招くような気持ち」で接していたからである。

　ジャンマリー　アンシェ氏は、厳格で威風堂々とした素晴らしいサービスマンで、世界一のフランス料理店のプルミエ・メートル・ドテルにふさわしい人物として、今でも田中の指針となっている。「継続は力なり」がいかに大切かを彼から深く学び、「サービス人生

において最も大事な教えだ」と、今も胸に刻んでいる。

　この研修で、田中は一つの確信を持った。それは「東京のタイユヴァン・ロブションで行われているサービスは、パリ本店と比べて全く遜色ない」ということだ。

　東京でメートル・ドテルであった山地氏はパリ本店でもメートル・ドテルとして、東京でシェフ・ド・ランであった田中もシェフ・ド・ランとして働いたが、研修が終わっても本店に引き留められた。その評価に裏打ちされた、ゆるぎない確信である。

　サービスの神髄を学んだ田中は、タイユヴァン本店から帰国を慰留されたが、このままパリに居たいとは思わなかった。まだ結婚もしてないし、ホームシックにもかかっていたので、とにかく早く帰りたかった。

　その姿を見ていたジャンマリー氏から「じゃあ、お前は東京で頑張れ」と、お墨付きともいえるエールをもらい、田中は心おきなく帰途についた。

　後に取材でタイユヴァン本店を訪れた時、「自分のことはジャンマリー（ファーストネーム）と、呼んでいい」と言うほど、田中に心を許していたジャンマリー氏にとっても、残念なことだったろう。

　それにしても田中は、気難しいと言われるフランス人にも好かれる性格のようだ。

　研修から何年か経った頃、田中はジャンマリー氏にパリで働きたいと申し出た。するとすぐにタイユヴァン本店でメートル・ドテルとして雇いたいと、ギャラまで提示してくれた。田中の力量を認めたからに違いない。

　だが田中は、家族が一緒に行けないことで断念した。

第3章　レストラン タテル ヨシノ

こよなく愛し、誇りをもって勤めていたタイユヴァン・ロブションであるが、田中は次のステージに足を踏み入れた。それが、現在勤めているレストラン「タテル ヨシノ」である。
　きっかけは、タイユヴァン・ロブションで約8年間共に働いていたソムリエ、若林 英司氏からの誘いであった。長年メートル・ドテルとソムリエとして常にチームを組んで仕事をしているのだから、その関係性の深さは想像するに難くない。とはいえ、天下のタイユヴァン・ロブションを退職するのだから、かなり躊躇したのではないかと思いきや、田中は意外にもあっけらかんとしていた。
　「日本一のレストランに勤めていた自分には怖いものはない。もうどこへ行っても良い仕事ができる」と考えていた田中は、タイユヴァン・ロブションという名前がなくてもやっていける自信があった。「店の格ではなく自分自身が大事」という気概に満ち溢れていたのだろう。
　2003年3月、二人一緒にタイユヴァン・ロブションから、東京タワーにほど近い「タテル ヨシノ 芝」にやってきて、オープニングを仕切ることになる。

　生まれ変わったら、他の仕事をしたいと、田中は言う。サービスの仕事は大変だからだ。だが「よそはもっと大変そうだから、自分は恵まれている。ロブションに残っていた方が、給料がいいかもしれないけど、周りの人に持ち上げられてきた度数が高いから、タテル ヨシノにいて恵まれている。ここにきて、コンクールも勝てた」と、今の境遇への感謝の気持ちが溢れ出る。
　「タテル ヨシノ」での活躍ぶりに関しては、最近のことなので田

中はなかなか口を割らない。存外、照れ屋なのだ。
　よって関係者の声を拾うことで田中の実像に迫ってみたい。

吉野シェフ
　まずは、田中が勤める「タテル ヨシノ」の、吉野 建シェフについて紹介したい。
　1997～2013年、吉野氏は「ステラ マリス・パリ」のオーナーシェフであった。フランス料理の聖地パリに戦いを挑んだのだ。当然のことながら、当初は険しい道のりであった。しかし、吉野シェフの素材に対する強いこだわりと、とめどない探求心が、徐々に形になっていく。
　しばらくして「テート・ド・ヴォー ウミガメ風」を作った吉野シェフが、フランスの雑誌『ル・モンド』で、デルニエ侍（最後の侍）として取り上げられた。仔牛の頭を使った、フランスの伝統的な料理をなぜ東洋人であるムッシュ吉野が作れるのか？　と、驚きと共に絶賛されたのだ。
　2000年には「リエーブル ア ラ ロワイヤル」という野ウサギを使った古典料理が、食通の集まったアカデミーで評価され、最優秀賞に。この時の高得点は吉野シェフとジュエル ロブションだけで、日本人では前人未踏である。フランス人が長年大事にしている料理なので、フランス人に嫉妬されるほどの快挙であった。

　かくして2006年、フランス人でも困難極まりないフランスミシュランガイドで、1ツ星を獲得した。
　凱旋帰国した吉野氏は、「タテル ヨシノ 芝」で、東京ミシュラ

ンガイドの2ツ星を獲得する。吉野シェフは、パリと日本の両方で星を掴んだ、稀有な存在なのである。

　そんな吉野シェフに、茫洋とした問いかけをしてみた。「タテル ヨシノで、大切にしていること、譲れないことって、何ですか？」
　すると吉野シェフは、まるで呼吸をするように、ふんわりと答えてくれた。「レストランだから、料理は大事。サービスも大事。内装も大事。それらが総合的に美しい形となって、お客様が喜んで、また来たいと思ってもらいたい」。　あたり前のことである。だがそのあたり前が、体の神髄に息づいている。そのあまりに真っすぐな眼差しに、一瞬たじろいだ。
　「では、そのために大切なことは何ですか？」と重ねて問いかけると、「素直で・笑顔で・健康で」と、これまたふんわりとした答えが返ってくる。それは、16年前の「タテル ヨシノ 芝」から今に至るまで延々と受け継がれているポリシーだ。
　スタッフが健康でないと、料理もサービスも出来ない。だからそれが店の基本。お客様も健康になってほしい。だからパリのステラマリスの時からずっと、「食べたら健康になる、医食同源」を大切にしてきたのだ。
　確かに、「タテル ヨシノ」の料理は、どこまでも優しい。たとえ慣れ親しんだ日本料理であっても、豪華な会席料理を続けて食べたいとは、そうそう思わない。だが吉野シェフのフランス料理は、ソースが重たくなく、味わい深い。食材の良さをそのまま活かして、さりげなく美味しい。だから、明日も食べたいと思ってしまう。
　もちろん、そんな贅沢はできるものではない。がしかし、うっか

りそう思わせてしまう、抗いがたい魅力を持っているのが吉野シェフの料理だ。

　そんなハイスペックなレストラン「タテル ヨシノ」での田中の働きぶりについて、吉野シェフに感想を求めてみた。
　すると眼差しが一気に和らいだ。「田中は、素直で正直者なんですよ。そうでなければ、スタッフの教育は難しいんですよね」。
　とはいっても、高級レストランだとスタッフに求められるスキルは高いはずである。「素直とか正直者とか、そういう問題なんですか？」と、驚いてしまった。すると吉野シェフは、微笑みながら「技術や知識よりも、心が大事なんですよ」。

　どこまでもふんわりした答えだが、しかしそれは、田中の総合力に対する圧倒的な信頼に裏打ちされた言葉だった。
　「フランス料理は、ただフランス料理っぽい皿を並べるだけでは、いけない。フランスの文化そのものを、伝えなければならない。フランス料理の文化の一つとして、メートル・ドテルも厳然としてある。だから、フランス料理はサービスも含めての文化なんですよ。大きな有名店ではどこでもさりげなくデクパージュをしてくれる人がいるのがフランス料理。それができる人たちが大勢いて、それに誇りを持っているサービス人が揃っていて初めて、本物のフランス料理なんですよね」と、吉野シェフはまるで伝道師のように語る。

　「ワインのことも、ソムリエと同じレベルの知識がある。フランス料理も分かっていて伝える。それがサービス。ただ、軽いサービ

ス人はいっぱいいる。わけわかんなくて、芸能人のような人もいる。まぁ求めるものの違いでしょうが、本当に求められるサービスができる人は、東京で片手ほどもいない。田中のサービスは本物で、この店ではなくてはならないものなんです」と、穏やかに言い切った。

また、「パリがフランス料理の本拠地。今はたまたま東京にいるが、二人でパリに行けば、何日かで店が出来る。そういう気持ちで仕事をしている」と、言い添えた。なんという、揺るぎない信頼関係だろう。仕事仲間ではなく、同志という響きが言葉の端々に漂う。

彼らの共通点の一つに、デクパージュがある。吉野シェフが最も尊敬するのは、ジュエル ロブション氏である。そして田中がデクパージュの完成形を覚えたのは、タイユヴァン・ロブションである。

田中は、「タテル ヨシノ」で初めてデクパージュを行った時に全く違和感がないことに驚いた。鴨や鳩など素材の確かさ、紐の通し方、デクパージュをする段階、料理方法などが、タイユヴァン・ロブションと同じだったからだ。

そんな吉野シェフに料理を学ぶことは、料理人にとって憧れである。ある勉強会のことを、田中は教えてくれた。

「料理人がみんな、緊張してシェフのことを待ってるわけですよ。そしたら、アルマーニのピンクのシャツで、颯爽と登場したんです。で、ブレス鶏にタコ糸を通すのを、みんなは固唾をのんで見つめるわけですよ。でもって、やってるシェフはピンクのシャツ。お洒落でしょう」。別に何色だってよさそうだが、田中にはピンクがやけに受けたらしい。「なぜにピンク？」と、本人に聞いてみると、「いやぁ、日焼けしてたから、ピンクが似合うんじゃないかと思って、

着てただけなんですよねぇ」と、シェフは照れ笑いした。
「シェフは、普段からオシャレなんですよ」と、田中は言う。確かに、取材当日の装いにもこだわりを感じる。
考えてみれば、シェフは料理を皿とコーディネイトして、装飾しているのだから、自分のファッションのコーディネイトが上手くても当たり前なのだ。そう思い至ったら、納得した。

二人の関係性は、仕事上だけなのだろうか。そう考えた私は「仕事以外の田中は、どんな人物ですか？」と、聞いてみた。
二人の流儀は、仕事に緩みが出るような気がするので「お互いをリスペクトしつつ、いい距離感を保つこと」らしい。ただ、ゴルフは一緒にするという。
ゴルフには人柄が出る。次にまたゴルフをしたいかどうかで、相手との相性もわかる。そこに、二人の性格と関係性が透けて見えた。
吉野シェフも田中も、ゴルフの話となると、とたんに愛想が崩れる。二人とも、わかりやすい。そして二人は同じことを話すので、やたら面白い。「賭けたりするのは嫌いだし、下手なんで賭けない。自分たちは、下手の横好き。いつも店の中にいるけど、ゴルフに行くと視界が違う、空気も違う。芝の感触などは、別世界みたい。だからスコアも大事だけど、リラックスできることが大事。それを共有できる仲間なので、ものすごく落ち着ける」。
吉野シェフはゴルフではいつも怒ったことがないらしい。失敗してもニコニコ。「だから一緒にゴルフしていて楽しいし、ストレス発散できるんですよ」と、田中は楽し気に話す。
しかし、田中同様、いやそれ以上に、吉野シェフはゴルフでスト

レスを開放したり、チームの一体感を感じたりして、その空気感をそのまま店の中にも持ち込んでいるようだ。

　結局、二人ともゴルフを仕事の糧にしているのである。

　吉野シェフも田中も、「自分たちは常に進化している」と、言い切る。

　料理は確実に変わっていく。例えば、流通システムの改善で素材の鮮度が良くなると、調理方法やソースが変わってくる。健康志向が高まれば、メニューの構成やポーション（分量）も変わってくる。

　料理が変われば、サービスも変わる。近年はア・ラ・カルトでオーダーするお客様よりも、コース料理を選ぶお客様の方が主流となってきた。すると、好きなボトルワインを楽しみながらゆっくり食べたいのか、ペアリングで料理とワインの相性を楽しみたいのか、早く料理を食べ終えたいのか、サービス人はそれを判断して、次の料理との「間」をキッチンに伝えることが求められる。気が急いているお客様のために、あえて早く歩くことを求められることもある。とはいえ伝統的なデクパージュサービスやワインの知識、語学力などは、変わらず必要とされる。それらに対応しながら、吉野シェフの料理を最高の状態で提供する田中への信頼は、揺るがない。

　また、昔は20人のお客様に20人のサービス人が対応するところもあるほど、サービス人の人数は潤沢だった。しかし今、そういう店はほとんど見かけない。だから、サービス人一人々々があらゆることをこなさなければならない。だが吉野シェフは、「うちのサービススタッフ達は、田中と長く一緒にやっているので、一言でいろんなことを共有できる」と、胸を張る。

最後に、これからの田中に望むことを訊いてみた。すると、「ん～、今でも十分活躍してくれているので、特にないなぁ。」と思案しつつも、「もっとスタッフに教える場を、もってもらいたいかなぁ。そういうのを続けてほしい」と、言い添えた。

すると田中は、我が意を得たりとばかりに、「教えるのは上手くないけど、うちのスタッフにはタダでも教える義務があると思っている。よその人にはあまり教えたくないけどね」と、頷いた。

お客様は、いずれ世代交代する。であるならば、サービス人の世代交代も視野に入れておかなければならない。田中の見据える未来は、そこにあるのかもしれない。

マネージャー

濱田 章二朗氏は、タイユヴァン・ロブション時代から22年間ずっと一緒にいる、田中の一番長い弟子である。その過程で、興味がフランス料理から田中に移った。都ホテル時代の田中と金子氏の関係に、よく似ている。

以前勤めていた高知のホテルの社長は、パリのタイユヴァン本店をよく知っていたので、タイユヴァン・ロブションへの転職を「頑張れよ！」と、気持ちよく送り出してくれた。とはいえ全くの田舎者だったから、田中にいろいろ教えてもらった。

「教えてもらって一番良かったことは？」と聞くと、「全て！ 礼儀も、遊びも、全て！」と即答する。フランス料理のお店もいろいろ連れて行ってもらったと、嬉しそうだ。

「でもさぁ、濱田はチーズがあまり好きじゃないんだよねぇ」と、困り顔の田中。「それにね、ある時食事に連れて行ったら気分悪くなっちゃって。それに寒そうだったから、僕のラルフローレンのマフラーを巻いてやったの。新品だよ。２万円もしたんだよ。でね、別れる時に、汚したのに返そうとしたんだね。馬鹿野郎でしょ？普通、クリーニングして返すよね。でさ、そのマフラーをタクシーに忘れちゃったわけ。で、いまだに返してもらえない。22年前のことなんだよねぇ。だいぶ利子が付いたよねぇ」と、田中はにやにやしている。

どうやら、何十回もこの話をして濱田氏を責めているらしい。責めて楽しんでいるのだ。まるで我が子の小さい頃の失敗談を語る親のようで、親密さと温かさが伝わってくる。もっとも、濱田氏にとってはいつも針のむしろのようだが。

濱田氏は言う。「若い時から、田中さんに怒られないよう、褒められようと思って、日々精いっぱい仕事をしているんです。でも最終的にそれがお客様が喜ぶことにつながっているんですよね」。

そんな濱田氏を田中は褒めてあげるのだろうか。そこに関しては、田中は褒めるのは下手だと告白した。しかし叱ることは得意で、それも半端ないという。

「それって、大変じゃない？」と呆れ顔の私に、「でも後で、必ず叱られた意味が分かるんですよね」と、濱田氏はさらりと流した。

ただ困ったことに、濱田は田中並みの厳しい叱りを部下にやっているらしい。「でも、違うんだよね。僕は愛情があるけど、濱田は正論で問い詰めるだけで、愛情を感じない。だから下の者はなかな

かついていけない」と怒りながらも、「でも、それはちゃんと教えていない自分のせいだよね」と、田中は反省することも忘れない。

　濱田氏には3人の子どもがいて、惜しみない愛情を注いでいる。その子どもたちが思春期になってくると、子どもの状況を思いやることや諦めること、達観することが今より圧倒的に増えていくことだろう。そうした流れの中で、濱田氏も田中のような叱り方を学んでいくのではないだろうか。彼の成長が楽しみである。

　田中は、自分がいない時に吉野シェフのケアができる人物として濱田を育ててきた。もっとも、「田中さんのケアの方が大変」だと、濱田氏は私にそっと囁いた。

　濱田氏は田中の顧客に対して、10年程前から心を込めて接するようになった。今では田中より可愛がられることもある。それは嬉しいことなのか、寂しいことなのか。

　「僕は100人のお客様のすべてを喜ばせられないので、濱田が私の代わりにお客様を喜ばせることが出来れば、それはそれでとても素晴らしいことなんですよ」と、田中は意外と潔い。

　田中は、月に数日大阪と北海道に出張する。休みの日もある。しかし濱田氏は、悩む時にはいつでも田中に相談する。いつでも頼ってしまうらしい。濱田氏にとって田中は、お兄さんでもあり、お父さんでもあり、お母さんでもあるのだ。

　お母さんを感じるのは「難しい案件を抱えている時、出張先からも朝『頑張れよ』ってメールくれたりするんですよねぇ」と、嬉しそうだ。

お兄さんを感じるのは「なにかしら、私生活でも引っ張ってくれる時」で、彼女ができたり、結婚が決まったりした時は真っ先に田中に話した。

お父さんを感じるのは「仕事で決断する時」だ。サービスは目の前のお客様に対する瞬時の判断を求められるものである。ぶれないように、といつも田中に言われているが、それがなかなか難しい。

ではぶれないためには、どういう風にしたらいいのか。田中は「軸」だと言う。いつもと一緒、当たり前のことをあたり前に、それが軸だ。

だから田中は、決して失敗が許されないＶＩＰの接客や結婚式の時には、濱田氏に「地に足をつけて、いつものようにやれ！」と、伝える。しかしそれはある意味「いつものようにやっていれば、大丈夫だ」という、絶対的な信頼があるからこそだ。

将来田中のようになりたいかと問うと、「もちろん！」と、気持ち良すぎるくらいの即答。それも「ぶれない決断力がほしい」と言う。「でも、たぶん無理ですねぇ」と、濱田氏は謙虚だ。

田中が濱田氏に対して、頼もしく感じている点がある。それは頼んだことをきちんとやってくれるところである。数字を導く面倒な作業、例えば様々な視点で統計を取って細かな数字を出すことなど朝飯前だ。

「実は、サービスよりも数字の方が好きなんです。」と、およそサービス人らしからぬことを、飄々(ひょうひょう)と言う。

デクパージュなどはあまり得意ではない。だからコンクールに挑戦している部下と並んでやるのが嫌らしい。濱田氏は正直だ。

10年ほど前に田中と並んでデクパージュをした時には、あまりの出来の違いに「まさか、これ同じ料金じゃないよね？」と顧客から叱られたらしい。これが、トラウマになっているのかもしれない。
　しかし、サービスはデクパージュだけではない。濱田氏の良さを田中は「人前で、どんな時も堂々としている」と、認めている。田中の代わりにメニュー説明をする時でも、「自分はいろいろ解っているからこそ緊張するけど、濱田は深く考えないから緊張しないんだよね」と、うらやましさは隠せない。
　歌でも緊張しない。「タテル ヨシノ名物Congratulationsってどんな歌？」と聞くと、いきなり歌い始めた。上手い！ 声に伸びがある。しかも、すごく楽しそう。これはお金が取れる歌である。田中も「一番長く歌っているし、一番上手いし、喋るように歌うから上手いんだよねぇ」と感心している。なかなかの芸達者である。

　「似てるところは、ありません」と濱田氏は謙遜するが、「高知の男だから、男気がある。そこは似てる」と、田中は嬉しそうだ。
　そんな濱田氏に、田中のどこを目指すのかと聞くと、「背中を見て学び続けたい」と言う。いつかは田中よりも前に出られると思うかと聞くと、「いや、いや」と頭を振る。しかしいつかは田中を支え、経営を任されるかもしれない。それでも「そん時は、そん時」と、少しも力まない。

　本当に田中が大好きで尊敬しているので、「田中の下でしか働けない」と、ここは力を込めて言う。また、感覚的に田中と仲のいい人とは上手くやれるらしい。田中は感覚が鋭敏なので、人と接して

いる田中を見れば、濱田氏もその人のことがわかるそうだ。
　だから、田中が嫌いな人に対して、濱田氏も苦手意識を持ってしまう。「ある意味、洗脳に近いかもしれない」と自虐ネタにしながらも、それでも、あたり前のことをあたり前にやっていて、「継続は力なり」を実践している田中に対しての信頼は揺るがない。

　濱田氏は、熱く語る。「サービスに従事する人に伝えたい、ここに田中という、目指したいと思う人物がいるということを。どういう風にステップアップすればいいのか、そのヒントを田中さんがたくさん持っているということを」。田中・愛が、止まらない。
　最後に、心配事があると教えてくれた。それは、田中はサービス中くしゃみをしないことだ。くしゃみを飲み込むらしい。
　ダイニングで余計な音を立てないというプロ意識故だが、「脳梗塞になると聞いたことがあるので、やめてほしい」と、濱田氏は懇願している。だが、なかなか聞き入れてもらえないらしい。

広報

　渡部 知香女史は、「タテル ヨシノ 銀座」に入って13年。広報という立場で、外部からの取材依頼や企画、イベントのコーディネイトなどで、様々な媒体と関わることが多い。菓子やパンの販売告知や事務などのデスクワークに加え、吉野シェフと田中の秘書的な役割までこなし、八面六臂の働きである。しかし本人は「雑用係です」と、極めて謙虚だ。
　広報として積極的に動かなくても、取材の要請をこなすのが精いっぱいというから、吉野シェフも田中もかなりの売れっ子のようだ。

取材に立ち合っていくうちに、渡部女史は成長した。国内外のホテルや高級フランス料理店でウェイトレスやレセプション（受付）として働いていたので、業界を少しは知っているつもりだったが、「タテル ヨシノ」に来て新たな視点を持てたのだ。吉野シェフも田中も、思ったことを忌憚(きたん)なく話すが、その経験や身の上話から、二人がどういった想いでこの仕事をしているのか、どうしてここまで上り詰めることができたのか、そしてそれでもまだ上を目指していることを知った。それを自分の身に置き換えて、自省したり奮起したりしながら、仕事に向き合えるようになったことは、渡部女史にとって感謝でしかない。だからこそ二人を心から尊敬し、少しでも役に立ちたいと思っている。
　渡部女史は、吉野シェフや田中のインタビュー記事を、他店と比べることはしない。料理やサービスの完成度の高さからくる安心感と誇りが、外部に対する広報の鷹揚(おうよう)さを支えているのかもしれない。

　とはいえ、内部に対しては鷹揚な態度ではいられない場合もある。
　「田中さんにとって私は、生意気極まりない存在のようです」と、渡部女史は苦笑する。というのも、すぐに「はい、分かりました！」と言わず、時には一般論や自分の意見を訴えるからだ。これはこの店ではかなり珍しい。なにしろここはブリガードで、上下関係も厳しい。私の知る限り、田中に何を言われても「はい！ 分かりました！」と、敬礼する勢いで即答するスタッフばかりだ。
　客観的とか女性といった目線は意識していないが、別の考え方もあるのではないかと思ったら、一歩も後に引かない。領主に対する農民一揆のようなものである。

しかし田中は、自分の意見が正しいと譲らない。その背景には田中と吉野シェフとの関係性がある。田中は決して吉野シェフを批判しない。だから田中の意見を否とする渡部女史は、田中にとって生意気な存在なのだ。

　それでも渡部女史は「ひるまない」というのだから、頼もしい。「誰も何も言わないのはおかしい。だから私が言わないといけない」と、彼女の覚悟は明瞭である。加えて「広報の私は伝達役にすぎないが、実際にお客様の前で物事を遂行するのは田中さんたちなので、みんなを守りたい」という思いがある。だからこそ「はい、分かりました！」と、直ぐには言えないのである。
　「べっちゃん（渡部女史の愛称）は、すごいよなぁ」。店のここかしこで、彼女に対する賛辞を耳にする。それは、そういう覚悟や思いをスタッフたちが垣間見るからであろう。

　渡部女史がここまで強くいられるのは、実は田中のおかげではないかと感じる。「田中さんは誰に対しても、丸裸の自分や覚悟を見せれば、必ず教え導いてくれます。でも真心がなければ、たちまち見透かされ、コテンパンにされます」「田中さんは私だけでなく、部下に強く怒ります。でも真心があるから、スタッフ全員が頑張ることが出来ます」と、彼女は田中のことを理解し、尊敬している。だから、彼女の強さは田中流なのだ。

　「私は怒られることから逃げません。それも田中さんから教わったことですから」と、彼女はいたずらっ子のように目を輝かせた。

苦言を呈してくれる渡部女史は、田中にとって貴重な存在である。田中は「意見されない事の怖さ」を知っている。「誰からも何も言ってもらえない人を見ると不幸だと思う。それが自分だったら不幸だ」と考える田中故、渡部女史の有り難さは否定できない。
　また「渡部はよく怒られているので、若いスタッフが僕に怒られていじけていると、上手くフォローしてくれています」と、感謝もしている。

　そんな渡部女史が望む田中の進化は、田中にとっては受け入れがたいものかもしれない。
　田中は正直である。時には正直すぎてしまう。「たとえ相手がお客様であっても、性に合わないと感じたら、途端に笑顔がなくなる」と、渡部女史はハラハラする。確かに相性はあるだろう。しかし、もっと多くのお客様に「田中に任せておけば、絶対安心」なことを知ってほしいという、強い思いもある。だからもっと柔らかくなってほしいと願うのだ。
　田中も実はそう思っている。だが田中流のサービスを求めていないお客様にそれを提供するのは、おかしな話だとも思っている。

　「そんな正直さがないと、田中さんじゃないのかもしれない」と、そうした進化を是とすべきなのかどうか、彼女自身まだ答えを見出せていない。

シェフ・ソムリエ

　田中によるシェフ・ソムリエ伊藤　文秀氏の紹介が笑える。「伊藤くんはねぇ、鳥の雛(ひな)なんですよ。1995年、タイユヴァン・ロブションのロッカー室で最初に会ったのが私で、鳥の雛は初めて見たのをお母さんだと思うでしょ。だから伊藤くんは私をお母さんだと思って、後をついて回るんですよね」。随分偉そうなお母さんである。
　伊藤氏は、当時コミ・ソムリエとして働いていた。毎日が戦場で、心身共に擦り減っていく。当然「会社に行きたくなくなる病」になることもあったが、みんなで助け合ったり、愚痴を言って傷を舐めあったりした同志だった。

　その後伊藤氏が転職、最高級イタリア料理店エノテカ・ピンキオーリ（東京・銀座）に勤めていた2005年、田中は伊藤氏をフランスに誘った。店は違っても付き合いはずっと親密に続いていたのだ。田中はコンクール優勝の賞品としてフランス行きのチケットをもらい、雑誌の取材も兼ねていたが、どうしても連れがほしかった。伊藤氏にとっては初めてのフランスだから、是非一緒に行きたかった。しかし年に二度の棚卸しの時期と重なってしまい、泣く泣く諦めようとしたのだが、田中に説得された。
　そしてそれが伊藤氏の新たな一歩のきっかけとなった。
　タイユヴァン・ロブションで一緒に働いた恩師が、パリのピエール　ガニェールにいて、彼から「今度、東京に店を出す」という話を聞き、伊藤氏は心が動いた。
　その後しばらくして、後輩から「ソムリエを紹介してほしいのですが、誰かいませんか？」と電話があった時、伊藤氏は自ら手を挙

げた。そして早速フランス語で丁寧な嘆願書を出して、ガニェール氏との面接まで辿り着いた。あいにくの季節外れの大雪で結局彼には会えなかったが、それでも運よくシェフ・ソムリエとして入店できた伊藤氏は、「田中さんと無理矢理フランスに行ったおかげです」と、嬉しそうに言う。

　意欲満々の伊藤氏だったが、仕事を頑張りすぎて、体調を壊してしまった。また、給料が高いスタッフからリストラが始まり、伊藤氏もその対象に入ってしまった。9か月くらい失業保険だけで過ごし、それから1年程小さなフランス料理店で働いた時、若林氏の退店に伴い「タテル ヨシノ」に迎え入れられた。吉野シェフは「ソムリエも、いい店で働かないとダメだ」と考えていて、伊藤氏はその輝かしい経歴を以って、吉野シェフに認められたのである。

　日本有数のソムリエ 若林氏とチームを組んでいたこともあり、田中が伊藤氏に求めるハードルはどこまでも高い。
　「ソムリエもメートル・ドテルも関係なく、お客様のためにやらなきゃならない仕事がある。なのにやらない。ソムリエ以外の仕事には興味がないんだよね」と、手厳しい。「伊藤くんも管理職なのに、会計や予約の新しいシステムを導入しても、口笛吹いてて、やらない。やらせるのが自分の仕事なんだけど、でもやりたがらないんだよね。結局やらざるを得ないんだけどね」と、口を尖らせる。
　とはいえ、伊藤氏のソムリエとしての資質は認めている。田中曰く、「伊藤くんのように、お客様をケアできる経験を蓄積できるソムリエは少ない」。例えば、いくらぐらいのシャンパンやワインな

ら許容できるのかを考え、料理に合うものを安全なゾーンの中で上手く提案して、なにげない会話から反応を見るというフレンドリーなサービスを施す。当然のことながら、お客様は安心できる。だから伊藤氏には、月１回必ず通ってくれるお客様もいる。

伊藤氏は、自分が休みの時に自分のお客様が来ると分かると、心配のあまり結局出社してしまうほど、責任感とプライドを持っている。高額のシャンパンやワインのオーダーも大事だが、何回も来ていただくのが大事だという信念があるからだ。

「タテル ヨシノ 銀座」では、ワインやシャンパンが棚に約2500本並んでいる。だからコミがコミ・ソムリエを兼任しながら勉強をしなければ、お客様のリクエストに応えられない。どのボトルがどこに保管されているのか、どのように取り扱えばいいのかを知っていなければ、オーダーされたものを迅速に提供できないからだ。

その仕事の仕組みは田中のアイデアで、それは一人々々のスタッフの強い力になっていくし、強いチームにもなっていくだろう。言い換えれば、若者にはソムリエとして成長する場が確保されているということだ。

故に田中は伊藤氏に「シェフ・ソムリエを、そのうち若手に交代させたい」と常に脅しをかけていて、「伊藤くんは、首の皮一枚でつながっている」という脅し文句を、冗談混じりに口にする。

田中がそんな言葉を使えるのは、揺るぎない関係性があるからだ。伊藤氏は独り身で、家にテレビがない。なので田中の家でサッカーのワールドカップなどを観戦したり、ご飯を食べたりしている。

まるで家族だ。「伊藤くんが来ると、我が家名物のコロッケを僕の分まで食べてしまう」と田中は不満を漏らすが、どこか嬉しそうでもある。今年の目標の一つが「伊藤くんの奥さんを探すこと」と、親鳥らしいことも言う。

　タイユヴァン・ロブション仲間による、年に1回、1泊2日の新年会も、メンバーは毎年変わるが、伊藤氏は田中と共に皆勤賞である。家族旅行みたいに、皆で温泉や食事を楽しむのだ。
　先輩の墓参りにも、毎年必ず一緒に行っている。当時リニューアルオープンでロオジェのシェフ・ソムリエに決まっていたのに、癌で他界してしまった太田氏である。根岸に墓参りに行って、美味しいものを食べるのが、彼ら流の弔いのようだ。先輩の無念を晴らしたい、そういう気持ちもあって、毎年行くのだと伊藤氏は語る。

　田中の雛鳥である伊藤氏は、田中の求めるサービスに対して理解が深い。「田中さんがやりたいのは、ブリナ氏のいた頃のタイユヴァンのサービスで、それを継承したいと思っている。この店のサービスも、タイユヴァン同様ブリガードみたいにピラミッド型に統率されてかっちりしてるけど、表に出たらお客様にはフレンドリーで柔らかくて冗談も言う。でも内側はあくまでもブリガード。田中総支配人の下にいる限り、それを意識して頑張らなければならない」と、背筋を伸ばす。
　伊藤氏は、シニアソムリエの肩書きを持つ。しかしその胸には、伊藤氏を大好きな田中のお母さんにもらった、およそソムリエ用ではない金の可愛いブドウのブローチが揺れていた。

タテル ヨシノ 銀座 シェフ

　関 好志シェフは、若く見えるが、40代。パリから20年近く吉野シェフについている人物で、吉野シェフから「タテル ヨシノ 銀座」の調理を任されている。

　「タテル ヨシノ 銀座」での売れ筋は、1万円台のコース料理である。しかし田中が担当になると、ア・ラ・カルトや高い価格帯のコースがオーダーされるので嬉しいと、関シェフは言う。それは単純に売り上げが上がるという意味ではない。料理人として、いろいろな料理を作れることが嬉しいのだ。料理の価格は、素材と手間暇に比例する。高い料理は腕の見せ所である。食べてほしい旬の料理も、田中はちゃんと取ってきてくれる。他のスタッフだとこうはいかないので、不思議で仕方ない。田中のオーラと説明力に依るところが大きいのだろう。

　日本人の多くは、小さなポーションでいろいろな料理を楽しめるコース料理を好む傾向がある。しかしア・ラ・カルトのオーダーの仕方を知らない人も少なくないのかもしれない。例えば前菜とメインをオーダーし、好きなものをお腹一杯食べることも、フランス料理の醍醐味であり、かなり幸せなチョイスである。

　この楽しさを知ったら、ア・ラ・カルトをオーダーする人がもっと増えるかもしれない。そこを田中は意識しているのだ。

　田中がキッチンに入ってくると、吉野シェフと同じくらいキッチンに緊張が走り、ピシッとなるらしい。田中は料理にとにかく詳しいと、関シェフは舌を巻く。クラッシックなものを食べているし、その辺の料理人よりフランスに行っているし、タイユヴァン・ロブ

ションのスタイルなども教えてくれる。美味しい高級店の食べ歩きに連れて行ってくれることもある。

「タテル ヨシノ 銀座」では、年4回季節ごとにメニューを変えている。田中はその時の良き相談相手でもある。「あれ、久々に見たいねぇ」など、ヒントや提案をしてくれることも多い。二人で相談して決めた新メニューを、吉野シェフが手直しして提供することがほとんどである。

　顧客の好みやオーダーの傾向をよく知るサービス人が新メニューの構築に参画することは、理想的な形である。しかしサービス人でシェフから相談を持ちかけられる人は、ほとんどいない。というか、多くのサービス人はシェフと意見交換をするほど料理に詳しくないので、相談されても困るようだ。

　田中は言う。「サービス人は、昔は勉強してなかった。フランスに勉強に行くのも料理人ばかりで、サービス人はほとんど行かなかった。だからサービス人はバカにされる」。しかし田中は、関シェフよりも多くフランスに行って、フランスの様々なレストランで研修をしたり食事をしたりしている。料理を作ることはできないが、経験値という点では関シェフに勝るとも劣らない。
　だから関シェフは、毎日構えて準備をする。例えば、ランチタイムでもディナーメニューや裏メニューまで提供できるようにしている。

　ちなみに田中は、盛り付けている皿を見る目つきが他のスタッフとは違うという。だから関シェフも緊張して盛る。見られている感

が凄いらしい。

　関シェフには「フランス料理はちゃんとしたシェフの料理である」という自負があり、「プロとして守らなければならないものと、変えなければならないものがある」と言う。守るべきものの一つに、旬の素材がある。例えば、フレッシュな杏は2週間しか市場に出回らない。だからいっぱい買い付けて、いっぱい使う。

　昔の料理手法も尊重しなければならない。とはいえ、ソースなどは昔よりもくどくなっていない。さっぱりのギリギリちょっと手前を狙っている。健康志向のお客様が増えているからであろう。

　サービススタッフには超辛口の田中だが、関シェフに関しては大絶賛である。「クラッシックでも新しい料理でも、何でも作れる。お客様のどんなリクエストにも、気持ちよく応えてくれる素晴らしい料理人だ。このレストランがいいのは、料理をお客様に合わせられる関のおかげ。こんなに気持ちのいい料理人は見たことがない。関と仕事ができて幸せ」と、感謝の気持ちをここまで素直に口にする田中は極めて珍しい。原価計算もきっちりできる関シェフに対する信頼は厚い。

　一方、関シェフのプライベートを田中は心配していた。独り身の時は休みの度に一人で居酒屋に行っていたので、田中は馴染みのお客様に相談して今の奥様を紹介した。出会って2〜3か月で結婚を決め、娘もできて、充実した時間を過ごしている。ここでもお父さんのような田中である。

　関シェフには願いがある。田中のデクパージュを多くの人にもっ

と知ってほしいということだ。ここにも、田中のファンがいた。

「あの早さや仕草の美しさは離れ業です。手を直接使わずにナイフとフォーク、スプーンだけでこなす、これだけのデクパージュです。是非広げたい」と、熱く語る。

そういえば、「タテル ヨシノ 銀座」のホームページにある動画では、田中のデクパージュを背後で一生懸命見つめる関シェフの姿が見える。画像的に邪魔だなぁと思っていたのだが、関シェフの気持ちを聞いて、なるほどと納得してしまった。

■■■　コラム　■■■　　Cupidon　Dr Matsumura
（キューピット　大洗海岸病院コアクリニック院長　松村 典昭様）

田中はお客様のキューピット役も担っている。なかなか珍しい。

松村氏とタテル ヨシノとの出合いは、ミシェランガイドのテレビ番組だった。それまでも有名なフランス料理を食べていたが、美味しいと思っても感動はせず、サービススタッフとも特に会話はなく、その場限りの店ばかりだった。「タテル ヨシノ」には、仕事帰りに同僚と軽い気持ちで来店したという。「今思うと大変失礼なのですが、ジャケットも着ないで行きました」と、松村氏は少し恥じ入るように述懐する。

「田中さんが出てきて『ご予約は？』と聞かれたので、『していません』と答えて席に通されましたが、全くいやな顔をせず、丁重に扱ってくださいました。最初に行くフランス料理レストランは緊張するものですが、なぜか全く緊張せず、居心地が良かったです」と、それが田中との原風景である。

その折、田中がアワビのパイ包みを「美味しいですが、お値段が

…」と恐縮しながら勧めてきた。松村氏が顧客になった瞬間である。松村氏はそれ以来アワビのパイ包みにはまり、しばらくはメニューにない時でも、無理を言って作ってもらったほどだ。

　田中は、松村氏の舌だけでなく、心も捉えていく。「ほかのお客様に迷惑をかけなければ、マナーとかにはあまりとらわれず、料理、雰囲気を楽しんでください」と語りかけ、「ジビエは、英語のgamesで狩猟という意味なので、そういった食材を使っています」とか、「パイ包みは、風味を閉じ込めるためにパイに包むのですよ」といったフランス料理のレクチャーをし、店や料理との距離を一気に縮めたのだ。

　松村氏が月２回くらい「タテル ヨシノ」に通い始めると、「松村さんは私より吉野シェフの料理を食べていますから、教えてください。この料理はいかがですか？ ワインとの相性はどうでしょうか？」と、率直な感想を求めてくることが多くなった。「そういえば、一緒にピエール ガルニェールに行った時、四角い皿を指して『これ、パン皿ですか？』と私に聞いてきました。田中さん、プロでしょ？ と思いましたが、こういったいい意味でプライドがない謙虚さが、心地良さの根底にあるのかもしれません」と、松村氏は楽しそうに語る。

　さて田中のキューピットとしての活躍を紹介しよう。
　松村氏が医局長時代、医局秘書に大変お世話になったので、お礼に「タテル ヨシノ」に何度か食事に誘った。ただ相手が女性なので、二人だけだとまずいかなと思い、最初に「タテル ヨシノ」に一緒

に行った同僚も誘い、3人で行くことが多かった。その後いつの間にかその秘書と同僚が付き合うようになり、結婚の運びとなった。
　「二人が結婚するといきなり聞かされて、びっくりした。なにがあったのかは知らないが、タテル ヨシノと田中さんがキューピットだったのかもしれない」と、松村氏は推察した。

　田中のキューピット役は、ここで終わらなかった。ある日、田中はタイユヴァン・ロブションの山地氏に誘われてゴルフに行き、素敵なお嬢さんと一緒になった。この時「このお嬢さんと松村さんはきっと合う」と、直感したという。そこで山地氏と相談し、松村氏と後に奥様になる方が一緒にゴルフをする機会を作ったのだ。
　その後、お二人は「タテル ヨシノ」で食事をするようになる。なんとか二人が上手くいくようにと、田中やスタッフがいつも以上に頑張っているのが分かり、「なぜか、おかしかったです」と、松村氏は微笑む。
　そうなんです。田中は本当に、分かりやすいんです。
　当時はまだ恋人だった奥様の「デザートに、スフレを食べたい」というリクエストを田中に伝えたところ、「今日はスフレを作るために、パティシエが芝から銀座のタテル ヨシノに来ました」と、奥様を感激させるニクイ演出もしたらしい。

　お二人の結婚式は、「タテル ヨシノ 銀座」で執り行われた。吉野シェフの結婚式に招待されたこともあり、シェフには来賓として座っていただき、その頃には大親友になっていた田中も一緒に座ってもらうつもりだった。だが後に「やはり私は裏方として結婚式を

支えます」と田中は申し出、松村氏は大いに心強かったようだ。
　結婚式の数週間前、松村氏の上司がプライベートで「タテル ヨシノ」に行った時、あるサービススタッフから「実は、来月大きな結婚式が入っていて、みんな緊張しているんです」と聞かされた。「それは松村の結婚式ですか？」と上司の方が言ったところ、「どうしてその方を知っているのですか」と、スタッフは腰を抜かさんばかりに驚いたらしい。
　この話を上司から聞いた松村氏は、「タテル ヨシノ」のスタッフが一生懸命準備をしていると感じ、感動したと言う。私としては、そうした緊張を顧客と共有したいと思うスタッフの素直さも、感動ものだ。

　式の当日、田中は「松村さんもスピーチがあるのですから、スタッフミーティングに出てくださいよ」とスタッフ用の進行表を渡し、ミーティングに参加させた。それを見ていたプロの司会者が「新郎がスタッフミーティングに出ているのを、初めて見た」と笑っていたそうだが、私も初めて聞いた。
　万全に式を行いたいという、田中の強い思いもあったのだろうが、と同時に、松村氏と田中との親密の深さが伝わってくる。
　レストランウェディングは、一時は流行ったが今は淘汰され、本物の店だけが生き残っている。「タテル ヨシノ 銀座」の結婚式はどうだったのだろうか。
　「なんと言っても料理、ワインが美味しかった。我が儘(まま)もたくさん聞いてもらった」と、松村氏は大満足である。希望した赤ワインは、取り寄せるのにかなり苦労したようで、本数がギリギリ。試食

の時に飲ませてもらえなかったほどだった。料理では、特にチリメンキャベツとフォアグラのテリーヌを、皆さんに絶賛された。式も滞りなく進行した。

「来賓の方には、時間を作って参加してもらっているので、心に残る料理やワインを喜んで頂けて、嬉しい」と、ホスピタリティ溢れる松村氏に対して、「タテル ヨシノ 銀座」は面目躍如を果たしたようだ。複数の個室をブライズルームや控室に使うなど、リラックスできる空間を用意したのも、「タテル ヨシノ 銀座」ならでは気遣いだったのだろう。

松村氏は「結婚式のアルバムの最後に、当日のスタッフ全員と撮った写真があるのです。吉野シェフはその日はスタッフでなかったので残念ながら写っていませんが、結婚式の全ての写真の中で、私はこの写真が一番好きです」と、心底嬉しそうに言う。

その後も、家族ぐるみの付き合いは続く。子供の七五三も、写真撮影をしたホテルで食事をしたほうが楽に違いないのだが、「折角なら、結婚式をしたところで…」と、「タテル ヨシノ」を選んだ。何年経っても結婚式の感動と、田中達の頑張りを覚えていてくれて、有り難い。

「これからも、人生の節目でお世話になると思います。いろいろな思い出が詰まったレストランは、やはりいいものです。スタッフの移動の激しいフランス料理業界で、田中さんレベルだと他からのお誘いもあると思うので、ずっとタテル ヨシノにいてくれるのはありがたいです。やはりそこには吉野シェフとの太い絆があるのでしょうが…」と、松村氏は感謝の気持ちを口にする。

確かに、同じ店で長年頑張るスタッフは多くない。労働環境の問題もあるが、好待遇に惹かれて異動するスタッフも多い。その点田中は、シェフやスタッフ達へのリスペクトと感謝を忘れないから、金銭などで心が動くことがないようだ。心底、真面目だなぁ、と感じる瞬間である。

最後に、顧客であり、大親友とまで言ってもらえる松村氏から「田中さんと出会えたことが、本当に幸せだった」という言葉を贈られた。
　そんな田中こそ、幸せ者である。

タテル ヨシノ ビズ（東京・汐留）メートル・ドテル

　谷中 満氏と田中との出会いは1999年タイユヴァン・ロブションである。田中はメートル・ドテル、谷中氏はコミとしてチームを組んでいたが、その後それぞれ別のレストランへ活躍の場を移すこととなる。
　数年後、異動した店の労働条件が合わず、体調を壊した谷中氏は、思い余って田中に転職の相談をした。心配した田中が面接を約束したのだが、なんと谷中氏は寝坊して遅刻してしまった。
　慌てふためいていた谷中氏は、「タテル ヨシノ 芝」の正面の自動ドアからお客様をかき分けるように入ってしまった。それを見た若林氏は激怒して「あいつはいらない」と言い放った。サービス人としてあり得ない行動だから、当然である。だが田中が「かわいそうだから話を聞いてみようよ」ととりなし、周囲の反対を押し切り、結果採用となった。その当時、谷中氏の体は今の半分くらいだったらしい。「精神的に弱っていて痩せていたけど、2か月で今のよう

なおじさん腹に戻ったんですよ」と、田中はまるで親のような眼差しで谷中氏を見た。
「私は、田中再生工場で救っていただいた」と、谷中氏は今でもその恩義を忘れていない。田中再生工場とは面白い。そして再生されたのは谷中氏だけではない。汐留で辞めたいと思っていたスタッフを芝や銀座の店に異動させ、格段に成長させた例がいくつもある。
どうやって再生させたのか。田中はとにかく「裸になれ」と叱咤激励するらしい。裸になって、素になって、殻を破ったら、何でもできるという意味だ。なんとも田中らしい表現である。

田中は、時々粋な計らいをする。銀座店がオープンした当初、谷中氏は銀座店、田中は芝店で勤務していた。ある時、谷中氏の友人が銀座店で結婚式を挙げてくれることになり、谷中氏は全てのコーディネイトと司会を頼まれた。
幸か不幸かその前日、銀座店は夜遅くまでお客様が賑わい、閉店後の片づけに追われ、翌日の準備が間に合うかと、谷中氏は途方に暮れていた。その時、芝の仕事を終えた田中がスタッフを引き連れて銀座に現れた。そして、片付けと準備を、ブルドーザーのごとくこなしてくれたのだ。
また、新婦は自分の友達が誕生日なのでお花をあげて祝ってあげたいとの希望を持っていた。お祝いと言えば「タテル ヨシノ」名物のCongratulationsの出番である。だが開店間もない銀座店のスタッフはCongratulationsを知らず、ホスピタリティのあるスタッフもおらず、全く気乗りしない状態だった。
すると、「じゃあ、そのタイミングに来てやるよ！」と、当日も

濱田氏などと一緒に来て、歌を披露してくれたのだ。
　店舗が違っても同じチームなんだと、谷中氏は胸を熱くする。そして、そう思わせる田中を、私はちょっと格好いいと思ってしまう。

　タイユヴァン・ロブションで谷中氏がコミの仕事をしている時、田中は他のメートル・ドテルと明らかに違っていたらしい。
　イレギュラーをキッチンに伝える時、それをコミに任せるメートル・ドテルが多い。しかし田中は「すべての責任は自分」と考え、どんな些細なことでも、必ず空気の張りつめたキッチンに自ら足を運んでいた。
　田中は言う。「キッチンに行かないのは現場から離れられないから、というのは言い訳にすぎない。現場はホールだけではない。例えばアレルギー、伝票に書いて出せば通じるしそれでもいいんだが、シェフのところに行って直接伝える。そうすればミスやお客様の急ぎや無理な要望があっても、いつも手を貸してくれる」。
　シェフとの信頼関係はこうした日々の積み重ねによるものなのだ。

　メートル・ドテルによって、サービス全体の質が変わる。「サービスで上に行く人はサービス全体に対する責任感が大事。責任感溢れる田中さんだからこそ、下は安心感を持つことができる。サービス人の自信はお客様の安心につながる」と、谷中氏は実感した。
　だから汐留店のメートル・ドテルとなった今、何かあると必ず自らお願いするように心がけている。また、田中はメートル・ドテルの仕事だけでなく、コミの仕事をいつも見守っていたから、自分もそう心がけている。

「田中さんは厳しいけど怖いと思ったことがない」と、不思議とみんな同じことを言う。何かの事情で店を辞める人もいるが、それでも長く付き合う人が多い。まるで親分みたいだ。

だから、会社や店につくというより、田中についている。「田中が他に行ったらついていく？」と谷中氏に尋ねると、「行きますね！行かせていただきたいです！」と、即答だ。「映画 愛と青春の旅立ちの中のリチャード ギヤの台詞『俺はここにしか居場所がないんだ』という心境です。多くのスタッフがそう思っているんです」と、谷中氏はちょっと粋なことを言う。

田中親分を慕う子分は他にもいるらしい。大阪にも二人いる。特別な集まりはないが、何かあると子分同士で連絡し合っている。店は違っていても、チームという強い繋がりを感じることで心強いそうだ。

田中の業界での影響力は大きい。だからこそ、もっと他の会社やレストランの人達とも緊密に交流して、田中の技術や人柄をもっと知ってほしいと、谷中氏は願ってやまない。

メゾン タテル ヨシノ（大阪）アシスタントマネージャー

「タテル ヨシノ 芝」がオープンしたばかりの頃、田中から早々にクビを宣告されたスタッフがいた。小松 雄介氏である。なんと３日連続で遅刻したのだから、田中の堪忍袋の緒が切れたのだろう。

「でも、仲間のみんなに救われました。みんなの前で田中さんに土下座して謝ったら、みんなが一緒に謝ってくれて、おかげで許し

てもらえたんです。そして休憩時間に同僚の一人が、音の大きな目覚まし時計を買ってきてくれました。今でも大事に使っています。これ、田中さんが本気で怒ってくれたおかげなんです。それ以来、頭上がらないです」と、小松氏は嬉しそうに話す。

　一度は目をつけられた小松氏だったが、田中が世界大会にチャレンジする時には事前の練習の手伝いをさせてもらえることになった。
　練習会場の新宿のフランス料理文化センターに行く時に、田中と待ち合わせをしたが、あろうことかまたもや遅れてしまった。「それでも、少しでも早く行かなければと焦った私は、パンツも靴下も穿かずに、スーツを着て駆けつけたんです。結局その日は一日中、ノーパン・素足で過ごしました」。
　この件に関して、田中に事情を聞いてみた。どうやら小松氏は途中で、コンビニに買いに行かせてくれと何度も懇願したらしい。しかし頑としてそれを許さなかったのだと、田中はにやりと笑った。全く田中は人が悪い。

　小松氏はその後汐留店に異動となる。しかし朝食キャプテンばかりを任され、それに嫌気がさして退職してしまった。「今では、本当に馬鹿な行動だったと思う」と、小松氏は肩を落とす。
　というのも、小松氏にとって田中はずっと憧れの存在だからだ。コンクールなどでの華々しい姿、常に現場を第一に考える姿、目の前のお客様と真摯に向き合う姿などを若いサービス人に見せ、引っ張ってくれる田中という存在は、田中と離れていた数年の間も小松氏の中にあった。

現在小松氏が勤務する大阪の「メゾン タテル ヨシノ」に、田中は月に２日ほど通い、アドバイザーとして実際に接客を行っている。ホームページに勤務日が公開されているのは、田中目当てのお客様への気遣いだろう。

小松氏は、田中の来阪を心待ちにしている。少しでも早く田中がチェックインして店に来られるよう、宿泊するホテルの部屋の清掃状況まで気にする。そして田中のスーツや靴などを準備していくうちに、緊張感が増してくる。

「大阪で再びご一緒出来て、ほんとに嬉しい。夢のような時間です」と言う小松氏には、田中の技を学び、受け継ぎたいという強い思いがある。小松氏は田中から譲り受けた「藤次郎」のナイフを使用している。ジュラルミンケースも一緒に貰い、デクパージュする時もサービス講習会で実技がある時も必ず使って、「田中さんが世界大会に行った時のナイフを一式貰ったんだよ」と、お客様や講習会を一緒に受ける他店のスタッフに自慢する。デクパージュのやり方も、全て田中と同じだ。鴨のエギュイエットを必ず左胸からするのも、田中の影響である。

小松氏には、忘れられない言葉がある。「タテル ヨシノ 芝」で理不尽な思いをした時、「お前が一瞬嫌な気持ちになったとしても、お客様に一生の思い出が残ったり、気分良く楽しんでもらえたりできたなら、それでいいじゃないか」と、田中はサラッと言った。それが小松氏の中では、今でもずっと心に残っている。

だから「お客様のためならば」と強く思える気持ちが出来上がり、我が儘をできる限り聞いてあげたいと思えるようになった。

チームの統率力についても言及している。何かある時には、小松氏も必ずキッチンに自分が率先していく事を心がけている。田中の背中を見てきたからである。谷中氏とそっくりだ。
「生涯現場主義とはまさに田中総支配人で、それを見て自分もそうなろうと思った」と語る小松氏にとって、田中は「理想のメートル・ドテル像」であり、キッチンやサービススタッフ、そしてお客様を幸せにするための指針なのだ。

大阪には生粋の正統派のフランス料理が、東京より少ない。だから「メゾン タテル ヨシノ」には、3年間に50回以上も来店する顧客がいる。その店を束ねるマネージャーは、田中より3年早くコンクールで優勝した、田中が尊敬する先輩だ。
　だが田中を敬愛する小松氏は、田中のことしか見ない。「それはそれで嬉しいが、もっと現場の先輩や同僚、ホテルスタッフを見て学び、いい仕事を成し遂げてほしい」と、田中は苦笑する。

「これまで受けた恩は返しきれない。今年のコンクールで結果を出し、『田中の教えが、本当のフランス料理のサービスの神髄である』ことを、優勝した自分が世の中に示すことで、少しでも恩返しをしたい」と、小松は力強く言う。
　田中は今、部下のソムリエ試験やコンクールに挑む姿を応援する立場だが、小松氏はなかなか有望で優勝候補らしい。「特に鴨のデクパージュが上手いんだよなぁ」という田中の顔は、優しさと期待に満ちている。

第4章　田中優二を支える人々

ESqUISSE 総支配人　若林 英司

　1989年からステラ マリス（神奈川・小田原）で若いソムリエとして吉野シェフとタッグを組んだ若林氏は、1995年タイユヴァン・ロブションで田中と出会う。

　タイユヴァン・ロブションの客層は、フランスのことをよく知っていて、食べることが好きな人が多い。だから「ここに来たんだから、ちゃんとしてよ！」と、求められるレベルが違う。

　「日本で一番格の高い店だから普通は緊張するよね。でも若林さんは2日目の夜には、もう何年もいるような雰囲気だった」と、田中は今でも驚きを隠せない。

　若林氏と田中は、サラマンジェ（Salle à manger・ダイニング）Bスパンでコンビを組み、8テーブルをシェフ・ソムリエ（若林氏）、メートル・ドテル（田中）、シェフ・ド・ラン一人、コミ二人で担当することが多かった。スパンの責任はメートル・ドテルで、全体の指揮をする。ソムリエは、売り上げを上げる存在だ。その関係は、コミュニケーションが悪いと上手くいかない。互いに顧客を紹介すると、次に来店した時に担当として呼んでくれ、それが2〜3回続くと一緒にやらなければならない状態になる。

　通常メートル・ドテルの担当はエントランス、サラマンジェ、個室など様々だ。だが多くの顧客の要望を知ったディレクターは、若きメートル・ドテルだった田中をサラマンジェに立たせることにした。若林氏と田中の顧客が、二人のサービスになじんだ結果である。

　若林氏が落ち込んでいると感じたら、田中は休憩時間にワインセラーから外に連れ出した。

若林氏は自らを「ワインセラーの番人」と呼ぶ。毎日ヒマさえあればワインを丁寧に並べることが日課だった。自分にとっては神聖な場で、エアカーテンがまるで森林浴のように心地良い。

それでもそこから連れ出すことが必要だと思うほどの悩みを、田中は感じ取ることができた。心の距離がいかに近かったかがわかる。

若林氏は「タイユヴァン・ロブションに僕は7年半、優二は8年半いたが、あの時がないと今のようなソムリエにはなっていない。お店とお客様に磨いていただいた。また優二と一緒にいて、サービスってこんなに楽しいんだ！と思った。テレビや雑誌でいろんな仕事をやらせてもらっているが、すべてのベースは恵比寿（タイユヴァン・ロブション）」と、感謝の気持ちを口にする。

前述したように、田中がタイユヴァン・ロブションを辞めるきっかけは若林氏だった。若林氏もタイユヴァン・ロブションには惜しみないほどの愛情がある。辞めるには勇気も要る。だが、経営がサッポロビールから他社へ変わるタイミングで、違うことをやってみたい気もあった。敬愛する吉野シェフが「タテル ヨシノ 芝」を開店するタイミングでもあった。

共に「タテル ヨシノ」に行く仲間としては、田中しか考えられなかった。田中がジャンマリー アンシェのようなプルミエ・メートル・ドテルに憧れているのを、若林氏は知っていた。しかし田中の上には多くの先輩メートル・ドテルがいた。そこで、新しい店で田中にプルミエ・メートル・ドテルの役割を果たしてもらおうと思ったのだ。

田中は「吉野シェフの料理は絶対美味しいから、大丈夫だよ」と

若林氏に言われて、心を決めたという。

　タイユヴァン・ロブションでは、サラマンジェの18テーブル中16テーブルが若林氏の担当（C/O）だった日もあるほど、その頃の若林氏は顧客を多く抱えていた。だからタイユヴァン・ロブションを出てもお客様は来てくれると思った。だがやはり若林氏にはあの店にいてサービスしてもらいたいと、お客様は思ったのだろう。客足は伸びず、壁にあたった。

　若林氏は、ワインだけじゃダメだと悟り、田中がやってくれているサービスを見て学んだ。二人でやるには逆をやればいい、表と裏、互いが補い合うことを心がけた。

　「タテル ヨシノ 芝」の開店時には、こんな笑えるエピソードがある。田中は、バターはパンの後に出すというタイユヴァン・ロブションの流儀を推し、若林氏はバターが先でないとパンを食べづらいと言った。

　「すげえ、どっちが先か、そんなことで上の二人が喧嘩してる」と、当時のスタッフはかなり驚いたらしいが、職人ならではの対立である。本当に面白い。

　それぞれの仕事のプロ同志、意見が合わないことも当然ある。田中は、若林氏と喧嘩して辞めようとしたことがある。

　ある日、田中はお客様からワインのオーダーを受けた。しかしそれはワインリストに載せてはいるが、若林氏が苦労して手に入れ、二度と買えないかもしれない、手放したくないワインだった。

　そのことを知り、若林氏は「なんだよぉ」と面白くなかったらし

い。濱田氏からそれを聞いた田中は「そんなの知らねぇよ。売っちゃいけないようなものを載せている店でなんか、働けるかぁ‼」と、怒りに任せて店を出てしまった。そして翌日から5日間、日帰り温泉で過ごした。

結局、周りに諭された若林氏が頭を下げて一件落着となったが、田中としても若林氏と二人で創った店に対する愛着が強かったのだろう。

今ではメディアでも活躍している若林氏だが、高校を出た後は長野のホテルに勤めていた。

ある日東京のトゥールダルジャンに食事に行き、伝説のソムリエ熱田氏に「ソムリエになりたい！」と熱く語ったらしい。すると熱田氏は、「ありがとうございます。是非素敵なワインを飲んでほしい」と、ロマネコンティ71年物を勧めてきた。価格はなんと10万円。「当時20〜21歳で、サラリー10万円そこそこの若造だから、悩みに悩んで結局飲まなかった。今思えば飲んでおけばよかったなぁ」と若林氏は悔やむが、あの頃と今の10万円では、全く価値が違う。悩んで、あたり前である。

ただ、「このワインを勧めたのは、どうしてなのだろう？　何かを自分に感じてくれたのだろうか？」と考えた経験は素晴らしく、励みにもなった。そんな若い日のドラマがあって今に至ったと、若林氏は熱田氏との出会いを、今でも深く感謝している。一方、田中は、「将来、若林さんは日本を代表するソムリエになると熱田さんは見抜いていたんだと思う」と、その慧眼に感服するばかりである。

「この業界は大変だから、尊敬できて目標になる人がいないと続けられない」と、若林氏は田中と全く同じことを言う。
「3万人の町で生まれた自分が、小田原のステラ マリスやタイユヴァン・ロブションでシェフ・ソムリエになって、今は銀座で総支配人をやっている。自分も頑張ったけど、一人ではできない。お客様とスタッフのおかげ」と、これまた田中と同じことを言う。本当に二人は似た者同士だ。

「それにしても若林さんはワインが大好きなんだよね。赤ちゃんみたいに抱っこして持ってくるもんね。で、他の者がぞんざいに扱っていると怒りまくるんだよね」と田中は笑い、そして「日本で一番のソムリエは、若林さんだ」と、断言する。
 では素晴らしいソムリエとはどんなソムリエなのだろうか。
「それは、ワインを売れるソムリエ」と、若林氏は即断する。いい提案をすれば、お客様が喜んで楽しんでくれて、また来てくださる。だから繋がる。
 例えば、支払いのリミットがあると、それ以下に収める。支払いは大事だから、初めて会ったお客様でもそれを見極められる人にならなければならない。そのためには会話をして、どういうワインがほしいのか、そのニュアンスを掴んで提案する。伊藤氏と同じだ。
 そして、それが気に入ってもらえたかどうかは、テイスティングの時のお客様の目を見れば、すぐわかるという。
 若林氏は、「自分は、他の人と鼻が違う」と、自負する。そうであるなら田中は目が、吉野は舌が他の人と違う。超人的な何かを持つ者同士が、「タテル ヨシノ」を創り上げていったということだろう。

これほどお互いを認め合っているのに、若林氏はなぜ「タテル ヨシノ」を辞めたのか。そこには、さらに成長したいという思いがあった。
　「リフレッシュしたい、フランス人とやりたいと思うようになった。何より、偉大なワインが熟成するように、自分もいいヴィンテージが熟成した時のようになりたいと思った」と、ソムリエらしい表現で伝えてくれる。田中は自然と成長しようと思えるが、若林氏は意識しないと成長できないと、自己分析もしているようだ。
　一緒になるべくして一緒になり、別れるべくして別れた、ということであろうか。

　若林氏が「タテル ヨシノ」を去った後、田中は「二人がいてくれたのは、贅沢なことだったのね」と、何人ものお客様に言われた。これほどハイレベルのソムリエとメートル・ドテルであれば、高級店といえどどちらか一人いればいい方だからだ。なにしろ二人のコストは高い。「タテル ヨシノ」は、それが許される店だということだ。
　ちなみに若林氏は「タテル ヨシノ」に田中を誘う際、吉野シェフにミニマムの報酬を提示し、なんでこんなに高いのかと驚かれたらしい。「これくらいでないと、優二は来てくれない」と、若林氏は譲らなかった。

　「僕が優二と一緒に働いて助かったのは、サービスも教えてくれたけど、一番は彼の人間的なところ。彼は店の人事部長みたいで、人の面倒見て、悩んでいる話を聞いて、それで自分は助かった。好き勝手できたから」と、若林氏は懐かしそうにそう語った。

また田中とやってみたいか、という問いに、笑顔で深く頷く若林氏。以前二人で描いた店がイメージにある。例えば、その日の料理はホワイトアスパラと肉の塊と決まっていて、ワインはえらく高い。でもビストロだから、みんなが気楽な服装で来られる店だ。
　ア・ラ・カルトで選べるのがグランメゾンの良さで、そこではデクパージュなどのサービスもワインもしっかり楽しんでもらいたい。だがいつしか、高級だが気さくな店にあこがれるようになっていたのだ。

　ちなみに、田中にはソムリエに勝るとも劣らないこだわりがある。ティルブッション（ワインオープナー）はシャトーラギオール社の1998年度世界ソムリエコンクールの準優勝者フランス人エリック・ボーマール氏のシグネチュアモデルを愛用しているのだ。
　1本目は若林氏から、2本目は伊藤氏から贈られた物である。

コラム　L'élégance Dr Higashino
（エレガンス　（医）東野病院副院長　東野 朗様）

　高級店である「タテル ヨシノ」は、当然のことながら料理やサービスにこだわりを持つお客様がほとんどである。厳しい目で見られることも少なくない。
　毎年フランスに行く東野氏は「フランスでも十数年前までは、星付きのレストランに行けば、たいてい素晴らしいメートルのサービスが受けられたものだが、最近は少ないように感じる」と、残念がる。田中は「たとえ有名店であっても、突き詰めない半端な知識や技術、経験でサービスしているサービス人がいるのではないか。な

まじ自分の国の文化だから、わかったつもりになっているのかもしれない」と、考えている。
　そんな東野氏が通ってくださるということは、田中のサービスを認めてくれたのであろう。では、田中の良さはどこなのだろうか。
　「タテル ヨシノ 芝の時代、田中さんと若林さんのコンビが最高でした」と、東野氏は述懐する。「田中さんには、よくゲリドンサービスでデクパージュをお願いしましたが、若い頃にはコルベールの股関節を手早く外せず、額に汗を滲ませているのを、家内と若林さんと一緒にニヤニヤしながら見ていたものです」と、今はほとんど知られていない田中の姿を教えてくれた。

　東野氏が、田中との共通点を挙げてくれた。それはフランス料理への強い思いである。二人とも、辻静雄の著書で育った世代で、本当に高級なフランス料理を楽しむためには、それを供するに相応しい雰囲気が必要で、それは建物、什器、ワイン、エレガントなサービスだと、痛感しているのだ。
　東野氏は、それを自らで体現している。1987年石川県小松市に、地下にワインカーブのあるダイニングルーム専用の建物を建て、そこで数か月に1回、食事会を催しているのだ。そして自らはシェフ兼メートル兼ソムリエを務める。奥様や、ご友人とその奥様の手を借りていると謙遜しているが、何とも素晴らしい。
　田中も二度招待されている。その時東野氏は、ゲリドンサービスやデクパージュを披露した。東野氏は「やらされた」とこれまた謙遜するが、その腕前はいかばかりか、非常に興味深い。
　これほどまでに本物のフランス料理を愛する東野氏に「日本のフ

ランス料理界のサービスを代表する」と言ってもらえる田中は、本当に光栄である。

　ただし、東野氏なりの注文もある。「メートルの基本はエレガントさ。一流のメートルは、体が引き締まっているものです。昔の田中さんのように」と、手厳しい。もっとも田中自身も「最近、東野さんは私の変わり果てた太りように不満があるようだ」と、自覚しているのだから、致し方ない。

　メートル・ドテルになると、フランスでも貫禄と威厳が優先される傾向があるが、田中にはエレガントさを失ってほしくないという、愛情のこもった願いでもある。田中のお嬢さんも、同じことを言っていた。本当の顧客とは、家族と共通するものがあるのかもしれない。

　最後に、「田中さんは、今後ますます日本のフランス料理のサービスをリードしていく方だと信じています。末永く田中さんのサービスを、夫婦共々楽しみたいものです」と、温かいエールを頂いた。

　頑張って、ダイエットしよう！　と、田中に奮起を促したい。

ポンドール・イノ支配人　尾崎 徹

　尾崎氏は、素敵なオーラを纏(まと)った、優しい語り口の人物である。彼との出会いもタイユヴァン・ロブション、1994年のことである。その時、尾崎氏はメートル・ドテル、田中はシェフ・ド・ランで、リネン係としてテーブルクロスや制服の管理を一緒に務めていた。

　尾崎氏は銀座と名古屋のマキシム・ド・パリを経て、タイユヴァン・ロブションに来た。マキシムで培った鴨のデクパージュの技術は、特筆に値する。とにかく対象を見なくてもサクサク捌けるのだから凄い。田中はそれを「繊細でなく、豪快」と評するが、尾崎氏

は「繊細だよ」と主張する。おそらくどちらも兼ね備えているのだろう。

　ドラマや漫画などにしょっちゅう登場するマキシム・ド・パリは、一度は行ってみたいという観光客を対象としたディナーツアーが連日催されていた。尾崎氏はブレイクタイムに下ごしらえとして、北京ダックのデクパージュを毎日多い時は80名分こなしていた。北京ダック1羽で6人前だから、13羽ということになる。しかもそれぞれに個体差があり、脱臼とかをしているものもある。それを肌で感じながら、いかに早く捌くかが勝負である。それがあまりにスピーディだから、田中には豪快に見えたのだろう。

　トゥール ダルジャンでサービスをしていたミシェル ドレピンヌ氏に「尾崎さんは鴨の先生です」と、言わしめるほどの技術である。「鴨と戦ってはいけない。切れてあたり前の世界。お客様にどう見えるかを考えながら、何人で召し上がるかで枚数やカットの仕方を調整するんです。でも、今では優ちゃんの方が上手いかも」と、尾崎氏は謙虚だ。

　華麗なマキシム・ド・パリでサービスを極めた尾崎氏は、燕尾服が最高に似合うらしい。確かに、スーツ姿であっても十分気品ある風貌である。当時の写真を見ても、とびぬけて格好いい。

　尾崎氏はあまり怒らないが、怒る時はかなり厳しかったらしい。ミス自体ではなく、ミスに対する考え方とかそうした本質を見ているのだと、田中は感嘆する。

　人のミスは許せるけど、自分のミスはめちゃくちゃ落ち込むという一面もある。「誰も言ってくれないから、自分で気付かないといけないんです」と、自分に厳しい。

田中は、そうしたことも尾崎氏から学んだようだ。

　マキシムに戻るためにタイユヴァン・ロブションを去る最後の夜、「デクパージュの見納めだから、鴨のア・ラ・カルトのオーダーを取ってきてください」というスタッフたちの願いを叶え、尾崎氏はその腕前を披露した。スタッフみんなが尾崎氏を取り囲んで熟視したものだから、周りのお客様はその異様な光景に驚いたらしい。はた迷惑な話であるが、それほどまでに尾崎氏のデクパージュは、サービス人をも虜(とりこ)にするのであろう。
　「その光景はねぇ、日本プロ野球界の宝、鉄人・衣笠祥雄さんがタイユヴァン・ロブション２階のエレベーターホールで、サイン帳に『限りなき挑戦』というサインをしてくれた時のようでしたよ。大の大人がみんな仕事をほったらかして、見つめていたんですから」と、本人しか分からない例えで、田中は滔々(とうとう)と解説してくれた。
　ちなみに尾崎氏は次の日の昼も、鴨のデクパージュのオーダーを取ったが、「昨日見たから、もういいよ」と、みんな各自の持ち場を守っていたという。全く、現金なものだ。

　タイユヴァン・ロブションでの、田中の様子を聞いてみた。
　「真面目でしたね。余計なことは喋らない。まずはやることはやる！　という思いが互いにあった。歩き方はいつもゆっくりで、ぶれない。お客様からもスタッフからも信頼されていた」と、まるで教え子を褒める先生のような、柔らかな眼差しで語ってくれた。

　尾崎氏が銀座のマキシムに戻った後、田中は奥様の奈穂ちゃんを

誕生日に連れて行った。奈穂ちゃんの大好きなオマールのビスクをスマートに注ぎ、ほんとに小さいオマールなのに「奈穂ちゃんの方に、たくさん入れといたよ」と笑顔でサービスしてくれたことが、今でも懐かしいと、田中は頬を緩める。

現在尾崎氏が勤めるポンドール・イノ（東京・室町）には、デクパージュに必要な機材がなく、必要な時は京橋のシェ・イノから運んでくる。多くのお客様が、今でも尾崎氏と彼のデクパージュに会いに来るのだ。

可愛い奥様と可愛い猫1匹と暮らす尾崎氏は、日曜は奥様を食事に連れて行ってあげたいと思っていて、2週間に1回はフランス料理店に行く。それは、自分がサービスをしてほしいからでもある。

職業病として、サービスを受けてその善し悪しが気になりそうなものだが、尾崎氏は全く気にならない。ただただ、食事を楽しむ。

それを聞いていた田中が、口を挟んだ。「信じられない。自分は気になって仕方ない。料理やサービスの意味までも考えてしまう」。

じゃあどこに行けば、食事を楽しめるというのか。「尾崎さんのところに行けばいいだろうけど。信頼関係があるから、料理もサービスも気にならない。何年も会わなくても繋がっているいい先輩だから。でも、行くのはおこがましい」と、珍しく内気なことを言う。

それにしても、尾崎氏とは1年足らずしか共に働いていなかったに、田中はなぜ、是非話を聞いてほしい、と言ったのだろうか。

そこには技術だけにとどまらない、尾崎氏の魅力があった。

「タイユヴァン・ロブションで最後の鴨を切っている時にも、絶

対の自信があったはずなのに、ニコニコしてて、ひけらかさない。そこが自分と違う」と、華麗な姿の奥に隠れた、優れた人間性に言及する。

「仕事においてもプライベートにおいても、人間として尊敬できる、片手もいない中の一人。お客様、スタッフ、キッチンから信頼されていて、コンクールには出ていないが、私とは格が違う！」と、田中は我が事のように胸を張る。

コンクールは技術、接客は愛情。お客様に「私だけの尾崎さんでいてほしい」と惚れられるタイプの、本物のサービス人である尾崎氏を本で紹介したかったようだ。

だが、それだけではないような気がする。田中は、先輩のほとんどを尊敬できない。一方、自分が本当に好きな先輩には相談できるし、無茶できるし、甘えられる。

今回の取材で、田中が甘えている姿を初めて見た。いかに気を許しているか、それは田中の顔つきや、ほんの少し体を尾崎氏に傾ける座り方からも伝わってくる。田中は本当にわかりやすい。

田中は「ある時から、誰にも仕事の相談できなくなった」と言っていた。都ホテル時代など、昔は誰にでも相談していた。しかし31歳でタイユヴァン・ロブションのメートル・ドテルになった頃からは「すみませんでした」の報告はしたけど、相談はしなかった。コンクールに関しても、先輩はいたが相談はしなかった。一人で、とことん考えた。それが成長につながったのだろう。

しかし尾崎氏だけは別だった。信頼できて相談できる存在なのだ。以前田中に、ライバルは？ と聞いたところ、「尾崎さん、とはお

こがましくて言えない」と答えていた。ライバルというよりも、目指したい姿の一人なのであろう。

　尾崎氏に、大先輩として田中に求めることを聞いてみると、「何もない。立派になってる。腹も立派になってる」と、愛おしそうに頬を緩めた。

ドゥニ オザンファン氏
　先日、田中がフランス語で接客している姿を初めて見た。かなり格好いいと思った。メートル・ドテルとしては当たり前のことだろうが、日本人がフランス語で接客することは、発音も含めて決して簡単ではないだろう。

　田中のフランス語の師匠は、1995年から1997年、タイユヴァン・ロブションにレセプションとして勤めていたドゥニ オザンファン氏である。田中は親しみを込めて、ドゥニ男と呼び、フランスに帰国した後も、今年4月に再来日した今も、家族ぐるみの交流が続いている。

　彼はこれまで旅行業、仏語教師、通訳をこなし、今は会社の人事グループ担当課長をしている。当然のことながら日本語に堪能で、日本人よりも丁寧な日本語を操る。しかし田中との主な連絡方法はフランス語のメールで、最初の挨拶も必ずフランス語だ。

　前述したように、タイユヴァン・ロブションからのパリ研修に抜擢された時、田中はフランス語があまり喋れなかった。
　そこで仕事仲間であるオザンファン氏に教えを乞うた。毎日の業

務でもフランス語を教えてもらっていたが、休みの日にもオザンファン氏の自宅近くまで通った。

　週に1日しかない貴重な休日にもかかわらず、田中は1年半、片道1時間近くかけて、2時間、時には3時間の授業に、真面目に通い続けた。会話形式の学習だが、最後に決まって、田中が自ら設けたクエスチョン・コーナーで、サービスの現場の質問を投げかけた。

　勉強の成果は、翌日からディレクターなど多くのフランス人スタッフとのやり取りや接客の現場で使って、身に付けていった。

　夕方5時からの勉強が終わった後は、タイユヴァン・ロブションの同僚とも合流して、食事をしながらのおしゃべりタイムとなることもあった。これもまた充実した時間で、中野や阿佐ヶ谷界隈の鰻、中国料理、フランス料理などを食べ歩き、田中がオザンファン氏にフランスの家庭料理以外のことを教えながら、フランス語の実践練習としたようだ。

　こうした学びは現在も進行中で、会うと必ずクエスチョン・コーナーがある。また新メニューのタイトルやスペルチェック、料理の説明の確認などにも、オザンファン氏に協力してもらっている。

　4年前と去年の9月、田中はオザンファン氏と1週間にわたり、ブルゴーニュとボルドーへワイン巡りの旅に出た。その時田中は専門用語をフランス人よりもすらすらと使いこなし、オザンファン氏を驚かせた。実はオザンファン氏は旅行前に、通訳に必要と思われるワインの内容を調べておいた。しかし「素人の私が調べた以上に、中身の濃い会話でした」と、教え子の著しい成長が嬉しくて仕方ない。「フランス人の自分よりもワインの造り方とか難しい言葉もよ

く知っていて、造っている人に対しての質問や表現力も素晴らしかった」と、胸を張る。一方田中は、「的確な通訳。一般的な会話は、ドゥニ男がいないと完璧には理解出来なかった」と、絶賛する。

　インタビューの最中、フランスのサービスについても聞いてみた。すると、「高級店以外のフランスのサービスは、全然親切じゃないんです」という意外な答えが返ってきた。例えば、料理を決めるのに時間がかかると露骨に嫌な顔をするそうだ。
　これには驚いた。食前酒をまず頼んで、それをちびちび飲みながらゆっくりメニューを読み込んで料理を決めるのが、フランス流だと聞いたことがあるからだ。しかしスタッフの中には早く帰りたい人もいる。だから、あからさまに時計を見ているスタッフも珍しくないという。ゆっくり食事をする最後のお客さんも嫌な顔をされるというのだから、残念至極である。
　また、おしゃべりしていてオーダー取りに来ないスタッフに声をかけても、嫌な顔をされるそうである。今行こうと思っていたのに…という反応なのだ。
　だから、何でもすぐ「すみません」と言ってしまう日本人は馬鹿にされるらしい。もちろん、全ての店がこの限りではないだろうが、肝に銘じておきたい。

　ところで、気の早い田中が「フランスでこの本を売りたい」とオザンファン氏に言ったところ、「フランス人は、誰かが自分より優れていたとしても、絶対に認めない。この本は一人のサービス人の偉業を書いた本。だから売れないよ」と返されたそうだ。なるほど。

ヴィノラム代表取締役　梅原 茂順

　皆さんは、"DEUTZ"というシャンパンをご存じだろうか。恥ずかしながら、私はドンペリ、モエシャン、ヴーヴクリコくらいしか知らない。そのDEUTZを「この子」と愛おしげに呼ぶのが、株式会社ヴィノラム 代表取締役の梅原 茂順氏だ。

　DEUTZを知らなかった私だが、ある意味それも致し方ない。なぜならDEUTZは一般の店ではあまり販売されてなく、DEUTZが認めた高名なホテルとレストランでしかお目にかかれない代物だからだ。

　DEUTZのメゾン（醸造所）は寒い地方にあるので、ピノノワールの発酵に時間がかかる。その後の二次発酵での設定を通常よりも低い10.5度にしているので、ますます時間がかかる。結果的に、商品として仕上がるまでに、普通は１年半のところ２年半もかかってしまう。しかしその甲斐あって、クリーミーでなめらかな口あたりである。品がいい、淡いグレープフルーツの風味で後味が引っかからない、すっと入る、泡も音も細かいなどなど、梅原氏と田中による賛辞はとめどなく続く。

　そのうえ、スタンダードクラスで、12時間後も泡が残っている。夜に飲み残してしまったのに、朝になっても美味しく飲めるというのだから凄い。これは、いかに長く２次発酵しているか、ということを意味する。通常は３年以上の熟成が必要なのだが、DEUTZは出荷した段階で、そのレベルに達しているのである。

　製造本数は１年100万本と多くない。ドンペリの日本での消費本数とほぼ同じである。今後、生産量が増えることもないだろう。

「プライドの高さと頑固さと丁寧さ」というフィルターで濾して出来上がったシャンパンは、世界中の選ばれしレストランにだけ卸されている。そのDEUTZを「タテル ヨシノ」に卸しているのが、梅原氏率いる会社である。

梅原氏は吉野シェフの大ファンだったから、DEUTZのエチケットを「タテル ヨシノ」のオリジナルデザインでどうしても作りたかった。しかし、そう簡単ではない。いや、怖ろしく困難だった。
なにしろオリジナルのエチケットを許されていたのは、世界の中でペニンシュラホテルグループとパリのタイユヴァンとスイスのホテルだけ。ましてや、「タテル ヨシノ」はたとえ星付きといえども、フランスからはるかに遠い日本・東京の小さなレストランである。
そこで梅原氏はDEUTZのファブリス ロセ社長を日本に招待し、「タテル ヨシノ 銀座」で吉野シェフの料理を堪能してもらいながら、シェフの経歴を伝えた。「決め手は、田中さんだった」と、梅原氏は言う。昔パリのタイユヴァンにも東京のタイユヴァン・ロブションにも勤めていたこと、だからDEUTZはなじみが深くいい思い出がたくさんあることを話したのだ。それが社長の心を動かした。吉野シェフも、DEUTZならばと、後押ししてくれた。

とはいえ、シャンパンはフランスの国益ともいえる存在である。国益の価値を守るために、シャンパン委員会がある。その委員会による厳しい審査が待ち構えていた。膨大な資料と申請書を提出しなければならず、「吐くほど大変でした」と、梅原氏は顔をしかめた。
かくして１年後、「タテル ヨシノ」のオリジナルのラベルがエチ

ケットの上部に加わるようになった。1年に約3000本、ハウスシャンパンとして吉野シェフの息のかかったレストランでのみお目にかかれる。

　ちなみに、DEUTZのエチケットやラベルは決して偽造できないようになっている。紙幣並みである。何とも言えない深い緑色で、まるで深淵を覗き込むような不思議な気持ちになる。

　その2年後、田中はDEUTZシュバリエ（Chevalier）の叙勲のため、ランスに赴いた。シュバリエとは、フランス語で元来騎士を意味し、フランス芸術文化勲章などで授与される勲章の階級の一つで、梅原氏の計らいである。「田中さんには、どうしてもランスの大聖堂横の宮殿で叙勲して頂きたかった。私は忙しくて同行できず一人で行かせてしまったが、フランス語もできるので、安心して送り出しました」と、梅原氏は述懐する。

　最近、このシュバリエという言葉を頻繁に耳にするようになった。だからシュバリエがどれほどの価値を持つものか、私はだんだんわからなくなっていた。そこで梅原氏にその辺りを訊いてみた。
　「ほとんどのシュバリエはメゾンから推薦を受けて決まるが、メゾンによって推薦枠が違い、多人数推薦できるところと厳選しているところがある。また、メゾンには格付けがある」ということで、どこのメゾンのシュバリエなのかが、重要なポイントのようだ。

娘

　愛娘、日和ちゃんの話になると、強面(こわもて)の田中は影をひそめ、途端に自信のなさそうな顔になる。「僕は、嫌われているから…」と、声もか細くなる。かなり、わかりやすい。

　「顔はハンコだよ、僕そっくり！」と聞いていたが、確かに顔立ちは父親似。だが幸いなことに、愛くるしい笑顔とマシュマロのような肌も相まって、いい方向にバージョンアップしたようだ。

　ランチを取りながらのインタビューだったが、会話の途中であっても、料理を運んでくれるスタッフにその都度「ありがとうございます」とさりげなく言える、なんとも素敵なお嬢さんである。どこのお店に連れて行っても、スタッフが競ってサービスしたくなるような上質なお客様像を、16歳にして身に付けている。

　田中が、日和ちゃんの横でいきなり「アン、ドゥ、トゥワ…」とフランス語で言い始めた。どうやら日和ちゃんにその続きのフランス語を披露してほしいようだ。恥じらう年頃の娘がそんなことをするわけがない。そういう空気が読めない父親は、当然のことながら嫌われる。

　日和ちゃんは、2歳の頃には1から100まで言えたらしい。というか一緒にお風呂に入っている時に、100まで言えるまでバスタブから出さなかったらしい。日和ちゃんは茹でダコのようになっていたというのだから、とんでもないスパルタである。

　ただ、フランス人のルイ君（ドゥニ男のご子息）によると日和ちゃんの発音はパーフェクト。おそらく小さい頃から練習したことで、正しい発音に必要な顔の筋肉が出来上がったのかもしれない。

「またお父さんにフランス語を習ったらどう？」と水を向けると、「やだ！」と即答されてしまった。先生としては怖いし、圧がすごいのだそうだ。ま、想像できる。

　田中は以前「怒る時は、子供に叱るように愛情を持って叱る」と言っていた。そこで、その辺りのことを娘に聞いてみることにした。
　日和ちゃんが小さい時、田中は短気で怒ってばかりいたのだとか。ちなみに田中は「怒っていたのは時々だった」と抗弁するが、ここは日和ちゃんの言葉を取り上げておきたい。
　当然娘が叱られることも多かった。だから「父親は大嫌いだった」。大声で叱られると、叱られている内容が理解できないし、ただただ怖い人だったらしい。
　「でも今は、自分のここが足りなかったなぁ、とわかることがある。」と、感謝している。日和ちゃんの成長が嬉しい。
　二人の距離が近づいたきっかけは、娘の悩み事だった。普段は話しかけてもテレビを見ていて聞いてくれない、家庭人失格の田中である。しかし日和ちゃんが学校でいろいろあった時は、「わ！ 聞いてくれるんだ！」と驚いたほど、ちゃんと話を聞いてくれたという。いや、そこに驚く方が驚きなのだが、それほどまでに話を聞かない父親だったのだろう。
　嫌なことがあった時に、それを話せる人がいて、聞いてくれる人がいることは幸せである。その幸せに、日和ちゃんは気付いたのかもしれない。
　父と娘の関係性は、なかなか難しいものがある。だが日和ちゃんは父の仕事に絶対的な信頼を置いている。「すごいなぁって思いま

した」と誇らしげに話してくれたのは、小さい頃に観た「パイナップルを切る選手権」。パイナップルのデクパージュのことなのだが、覚えているのだろう、身振り手振りで説明してくれる。

お客様に質問されて、ワインや料理のことを丁寧に応える田中の姿は格好いいなぁと、密かに思っているらしい。「ワインに詳しくて、フランス語のエチケットやメニューを読めて、教えてくれる。私もそうなりたい」という愛娘の言葉を聞いたら、田中は泣いちゃうかもしれない。

そんな日和ちゃんの今の興味の対象は、パティシエ、ソムリエ、サービスと、やはり父親の影響を感じる。そういえば、「小学校の卒業祝いに、ロブションに連れて行ってもらった、凄かった！」と、目を輝かせていた。小さい頃から上質なレストランで上質なサービスに触れる機会に恵まれていたからこそ、仕事としても興味がわくのだろう。

その時のことを田中に聞いてみた。以前働いていたよしみで、普通のお客さんでは経験できないところまで娘に体験させ、ジョエル・ロブションを満喫させたという。全てのキッチンを回り、多くのサービス人や料理人と挨拶を交わした。3階のパティシエコーナーでは、スペシャリテのビターチョコレートのタルトにピスタチオのアイスクリームを、シェフパティシエが振る舞ってくれた。

「それは、ものすごくきれいで、美味しかった」と、日和ちゃんは目を輝かせる。もしかしたら、これがパティシエになりたいと思ったきっかけなのかもしれない。

以前田中は、「娘がサービスをやりたいと言ったら、全力で教える」と、言っていた。娘は、「サービスをやるんだったら、ちゃんとやりたい。お父さんのように」と言っている。
　それなら、相思相愛ではないかと思い、「二人の共通の話題ってある？」と聞いてみると「ない！」と、またも即答されてしまった。
　日和ちゃんにとって、田中は「テレビに向かって話しかけるおじさん」であり、「戦国武将のことを、いきなりむきになって語り出すおじさん」なのである。

　ただ、彼女の心に残っている言葉がある。それは「都合のいい人間になるな」。田中の「自分の都合だけで考えるな。周りのことも考えろ。ブレずに正しい物事を選択してほしい」という強い思いである。誰かのために何かをして、それで自分が損をしたとしても、必ずもっと大きな幸せが返って来ると、田中は信じているのだ。
　田中は「都合の悪い人間になったら、誰かが助けてくれる」とも言った。その真意は「自分のほしい答えを持っている人に相談するな。答えの是非に関係無く、自分の信じた人、良く知る人に教えを請うということが大事だ」ということだ。

　田中はこれまで、研鑽(けんさん)を積む過程でもチーム作りをする過程でも、こうした姿勢を貫いている。決して簡単な道のりではなかったはずだが、その田中流を娘に伝授しようとしている。そこに、自分の生き方に対する自信と誇りを感じる。

　娘から父に望むことを尋ねたら、「痩せてほしい！」と、これま

た即答である。田中は特別太っているわけではなく、ある程度恰幅がいい方がお客様に安心感を与えるとも思うのだが、娘の目はかなり厳しい。

　それは、田中の口ぐせも一因となっている。「自分は若い頃、ジャニーズのモックン（本木）よりも格好よかった」という、およそ信じがたい自慢話だ。まあ確かに、写真で見る若かりし頃の田中は、今よりも格段にスマートでイケメンである。その頃のパパに戻ってほしいというのが、娘の切なる願いなのだ。

　田中も「夜中にお米を食べないなどダイエットをしている」と反論を試みるが、「結局、食後にお菓子を食べるから意味がない」と、娘は一刀両断。とにかくあごの下の肉が気になると、田中の痛いところを突いてくる。ぐぅの音も出ない田中を見るのは、痛快である。

　取材の最後に、優しさの基準は父親、という話をした。娘にとって、優しい男性とは「自分の父親よりも優しいかどうかというのが判断材料になる」という意味である。だから、物差しになる父親は責任重大なのだ。

　すると日和ちゃんは「わぁ、じゃあ世の中、優しい人だらけだぁ。ギャハハ…」と、大笑いした。もちろん冗談だろう。でも、愛情を上手く表現できない不器用な田中がそれを聞いたら、慌てふためくかもしれない。思わず、ほくそ笑んだ。

妻

　これまでの取材で「奈穂ちゃん」という言葉を、何度耳にしたことだろう。奈穂ちゃんは、田中の奥様である。
　「都ホテル時代、離婚する人が本当に多くて。でも自分は離婚したくないから、30歳過ぎまで結婚しなかった。奈穂ちゃんは僕を世界で一番愛してくれている人だと思ったから、結婚した」と、娘の時とは打って変わって、自信満々だ。
　とはいえ、田中は奈穂ちゃんに頭が上がらない。育児放棄と言われても仕方がないほど、田中は子育てに全く携わってこなかったからだ。「おむつを2回替えたことくらいかなぁ」と、今の子育て世代が耳を疑うようなことを、平気で言う。
　しかし奈穂ちゃんは「早い段階で、諦めました」と、達観した言葉を穏やかに口にする。
　だから田中は「ひーちゃんは、奈穂ちゃんの作品」だと言う。何でもよく食べて、健康で、イヤイヤ期もない、育てやすい子だったという。奈穂ちゃんが穏やかに育てたからであろう。
　ただし、思春期の反抗期はあったという。それは良かった。自分をさらけだす時期を持つことは、健全な精神を培う過程で必要なことだからだ。

　しかし、多くの父親同様、田中は反抗期の娘とどう向き合えばいいのか、さっぱり分からなかった。だから、母親に丸投げの状況だった。何か心配事があっても、奈穂ちゃんを通して話すことが多かったのだから、全く面倒くさい男である。直接言えばいいのに、嫌われたくなくて、言えないのである。

奈穂ちゃんとしては迷惑極まりないが、父と娘が似た者同士である以上、諦めるしかないと思っている。その共通点とは、意外と変なところで頑固、譲れないものがあると譲らない、神経質ではないけどこだわるところはこだわる、自分が決めたら人の意見を聞かない、折れることをしない、歩み寄らない、変なところで短気。なるほど。

　二人揃ってそうであるならば、確かに穏やかな奈穂ちゃんが間に入った方が無難な気がする。もしくは、間に入らなければならないから、穏やかにならざるを得なかったのかもしれない。

　そういえば、コンクールの後押しをしてくれたのは奈穂ちゃんの言葉だった。その時の話を聞くと、やはり田中は当時悩んでいたようだ。世界で２位になった後のコンクールで万が一優勝できなかったら…、そう思うと「やめようかなぁ」と弱気な言葉がつい口に出てしまう。しかし、年齢制限のあるコンクールで最後のチャンスだった。その時「ここまでやったんだから、やれば！」と、奈穂ちゃんが強く勧めたのだ。

　１年間に、メートル・ド・セルヴィス杯（日本）、クープ・ジョルジュ・バプティスト（世界）、メートル・ド・セルヴィス杯（日本）と、３回もコンクールに挑戦し、かなり大変だったと思う。しかし最後のコンクールは優勝という有終の美で終わったのだから、奈穂ちゃんの内助の功である。

　世界大会は、本人は優勝が目標だったから、２位でがっかりして帰ってきた。だが奈穂ちゃんは、「世界に行けたことが、すごいこと。２位でもすごい。そこまで行ける人はなかなかいない。優勝じゃな

いと意味がない、なんてことない。何にも言うことはない。本人は納得してないんですけどね」と、誇らしげに微笑む。
　いや、もしかしたらそこまで言ってくれる人がいるからこそ、田中は「優勝しないと意味がない」と言えるのかもしれない。どこまでも田中を知っているが故の、言葉なのだ。

　ダイエットを強く推す娘に対し、奈穂ちゃんは「痩せてても、太ってても、健康であれば…」と、極めて鷹揚である。
　それよりも、新たな目標が見つかってくれればいいと、願っている。新たな目標といってもコンクールではないだろう。「何でもいいのだが、夫は目標があると、がーっと集中するタイプだから、やる気が出るような目標が見つかるといいな」と、思っているのだ。

　今は管理監督者の立場となり、現場から遠ざかる時間も多くなってきた。でも現場が好きで仕方がない。多くのお客様からも、そう求められている。
　学校の先生という話もあったらしいが、「絶対無理！　絶対無理！」と、妻と娘は声を合わせて笑う。ああ見えて大勢の人前で話すことが苦手な田中は、講習会とかがあると緊張して、帰ってから「今日は…だった」と悔やむことが少なくない。みんなが面白くなかったらどうしよう、と考えると、言いたいことも言えなくなってしまう。だから結婚式などでの料理の説明も、田中にとっては大仕事だ。「話の上手な人は、伝えることに専念して、伝わったかは考えない、って言うけど、なかなかそれができない」と、苦手意識を払拭できない。だから無理だと、妻も娘もわかっている。

それに、「お店の中のあの空間が一番好きではないか」と、奈穂ちゃんは思っている。

 生涯現場主義の田中にとって、新たな目標とは何だろうか。

 その答えを、期待しながら待ちたいものである。

父

 「私は父に会えるので、死ぬのは怖くありません」。ある日、田中はそう言った。田中は、父・博を６年前に肺がんで亡くしている。

 上場会社の新明和工業で、定年まで勤め上げた実直な父は、最後は窓際族で、決して出世コースにいたわけではなかった。だから田中の兄が部長に昇進した時はものすごく喜び、田中の世界大会２位は「あんまり、よくわからない」と、淡々としていたそうである。「会社勤めをしていれば、そういうものかもしれないね」と私が言うと、田中は少し寂しそうに頷いた。

 「親父はいつも必ずチップを置いてたんですよ」と、語る田中は嬉しそうだ。自分の店に来た時だけでなく、田中がよその店に連れていった時でも、チップを置いていた。

 そういう大人の慣習を知っていた父を誇らしく思う姿が、そこにあった。

 田中はその父の最期を看取った。父親の枕元で寝ていた時に発作が起き、先生に手当をしてもらいながら、母親に電話をした。幸い意識がなくなる１分前に母親が到着した。父は母の手を強く握り「さよならだね」と言い残し、それから目を覚ますことなく25時間後に

家族全員に見守られ、帰らぬ人となった。
　真っ直ぐで責任感の塊で友達や親戚をとても大事にする父だった。お葬式には、予想以上の多くの人が訪れた。お人柄が偲ばれる。

「父の死は、私たち家族にとってこれほどの悲しみはありません。私の娘、父にとってはたった一人の孫の成人式も結婚式も、きっと誰よりも楽しみにしていたに違いないんです。今でも代わってあげたいと思う」と、田中の喪失感は未だ癒えていない。
　そして「今でも困ったことがあると、天国の父に向かって祈ります。すると、物事がうまく動き出した奇跡が何度もあった」と、父への信頼は今でも揺るがない。

　田中は言う。「大沢さんには『男は父親をきちんと見送ることで大人になるのよ』と、言われました。ジャンマリーには『メートル・ドテルは、大人の男の仕事だ』と、言われました。そう考えると、メートル・ドテルはやはり私には向いてない職業かも知れません。まだ父の死を乗り越えることが出来ません。父の最期を思い出すと、今でも泣けてしまいます」。
　なんと深い父への哀惜の念であろう。「そこは大人にならなくてもいいんじゃないですか。そんな息子、素敵じゃないですか」と、私は田中にそう伝えたい。

母

「母は、親父が亡くなってから6年経ちますが、まだ毎日仏壇に向かって話しかけています」。

田中が実家に行くと、「優ちゃん来たよ〜。優ちゃん帰るよ〜」と、母・光枝は父に毎回話しかけている。その姿に接し、田中は夫婦の愛情の深さに改めて気付いた。「父がいなくなった寂しさは、きっと想像以上だと思います」と、田中は母を思いやる。

母の誕生日に、銀座の高級鮨店でお祝いした時には、ペンダントに父の写真を忍ばせて、一緒に食べていた。母にしては珍しくたくさんお酒も飲んだので、親父の分まで飲んで食べていたのかなぁ、と田中は勝手に思ったらしい。

「あの後、一人で帰る電車までしか見送りませんでしたが、親父が一緒だから大丈夫かと思いました」と、どこか嬉しそうに田中は話す。

田中の店に来る時には、いつも手土産を持って来る。「ほら、最中(もなか)だよ」「俺、最中は嫌いだ」「優ちゃんじゃなくて、皆さんに持ってきたのよ」という会話が、毎回繰り返される。そのおかしな親子漫才に、田中は母の健在ぶりの有り難さを感じる。

「母と父は温泉が大好きで、父が車も好きなので、関東一円はもちろん、青森や飛騨、諏訪、富山など、たくさん二人で楽しんでました」と、晩年の両親の暮らしが穏やかだったことも、田中の心を落ち着かせている。

第5章　フランス料理の世界

本章は、趣向を変えて対談形式にしたい。お相手は、株式会社オフィス・オオサワ取締役 大沢晴美女史である。フランスと日本の橋渡しとして、フランスレストラン文化振興協会代表、フランス料理文化センター親善大使、フランス農事功労章協会事務局長、フェランディ・パリ「フランス料理上級コース」日本代表を務めている。

出会い

田中　大沢さんと初めて会ったのは、20年前です。

遠山　当時、田中さんはどんな感じでしたか？

大沢　目力のあるイケメンでしたよ。

遠山　過去完了形ですね（笑）。

大沢　それで、真面目かと思ったら、変なところもある人でしたよ。

遠山　どんなところが？

田中　僕は仕事に対しては真面目だけど、仕事以外は頭おかしいじゃないですか。大沢さんは、資格をちゃんと取って、ＭＯＦもちゃんと取っているような人が好きなんですよ。きちっとしている人。

大沢　そんなことないですよ（笑）。

田中　僕、最初の頃、凄くたてついたことがあって。酔っ払ってもいたんで、大暴れした。酒乱だったんです。

大沢　そんなこともあったかしら。

田中　でも、年取ったら直るって言われた。そんなに飲めなくなるからって。

遠山　やっぱり、昔からヤンチャだったんだ。酒乱は、なくなりました？

田中　訳わかんなくなることは、なくなりましたね。20代の頃なんて、次の日の朝、何度謝りの電話を入れたことか。
遠山　でもそれって、覚えているってことでしょ？
田中　暴言をはいたことだけは、覚えているんですよね。
遠山　酒乱だったのに、今でもお付き合いしてくださるなんて、ありがたいですね。

田中　僕は辻静雄さんが大好きで、辻さんの本はほとんど読んでいて「美味礼賛」は座右の書です。でも辻さんは60歳過ぎに病気で亡くなってしまって。辻さんの後は、大沢さんが日本のフランス料理を牽引されているんです。日本のフランス料理を牽引し、料理人・サービス人の母と呼ばれているんですよ。
大沢　とんでもないです（笑）。
田中　辻さんも、料理もサービスも大事だとおっしゃっていて、技術研究所っていうのがあって、今はなくなったんだけど、サービスも料理も辻の学生がやっていたけど、これほどサービスに尽力してくれたのは、大沢さんなんですよ。大沢さんは国に対してのアプローチにも尽力されていて、ここは国に頼まないと変えられない、ってことをちゃんとわかって、伝えてくれる。大沢さん、政治家になってくださいよ。国会に出ないと、変われないから。
大沢　とんでもない（笑）。
田中　歴代の駐日大使は、必ず大沢さんと接点があるんです。例えば、永世フランス国大使のフィリップ フォールさんは、かなり食通で、おじいちゃんがウイーン会議で条約にサインした

いうお家柄なんですが、とても親しい。今のピックさんとかも親しくて、食に対しての意識が高い人で、ここに来てくれたこともあります。フランス大使と信頼関係があるんですよね。

田中　大沢さんは、今はフランス料理文化センターの親善大使で、フランスレストラン文化振興協会も立ち上げたんですよ。

大沢　田中さんにもご協力いただいてコンクールも続けていますが、それはレストラン文化がその時代の文化の最先端を表現していると思うからです。良きにつけ悪しきにつけですけど。

遠山　それって、経済状況ってことでしょうか？

大沢　経済や社会情勢が、レストラン経営や料理・レストランのスタイルで一番如実にわかります。

遠山　大沢さんが、今のお仕事をなさるきっかけを教えてください。

大沢　フランスで初めて食に触れたのは、大学のフランス留学時代です。パリではなくモンペリエという地方でした。学生食堂で食べたのが初めてのフランス料理。驚いたのは「単品じゃない」ってこと。前菜、例えば、キッシュとかニンジンのラペしたものとかがあって、メインがあって、チーズかデザートという流れです。日本だと、かつ丼とかラーメンとかが多かったので。

遠山　確かに日本の学食と全然違いますね。素敵だなぁ。

大沢　生活に困らないくらいフランス語が話せるようになった20代後半に、後に連れ合いになる彼と二人、古い車で、南からブルターニュ、ブルゴーニュなどを回りました。お金もないので一日何フランと決めて、それを宿泊と食費に充てていました。

遠山　素敵ですね。どれくらいの期間だったんですか？
大沢　1か月近くですね。
遠山　いいですねぇ。お相手の方はフランス人だったんですか？
大沢　いえ、日本人です。
遠山　フランス人でも国を回ることって少ないんじゃないですか？
大沢　そうでもないですよ。フランスは列車の信頼性がないので、みんな車で回るの。でね、一度だけ1ツ星のレストランに行ったの。車の中で1枚だけ持っていたワンピースに着がえて、携帯電話のない時代ですから近くのカフェから電話で予約しました。その時代まだアジア人がそんなにいなくて、そこのメートルさんから見ると全くの若造で、20歳そこそこに見えたと思いますよ。それでもカップルで来たなって、ゴンドラの席に案内してくれて。一番いい席だったと思います。拙いフランス語でオーダーしたんですけど、いいアドバイスを頂いたりして、本当に楽しかったんですよ。
遠山　どんなアドバイスだったんでしょう？
大沢　例えば、ワインのことよくわからないから適当に頼んだら、ここはブルゴーニュだからこのワインがいいよ、って教えてくださったり。

遠山　それが、メートル・ドテルとの出合いだったんですね。
大沢　そう。とっても素敵な経験でした。だから日本に帰ってからフランス料理に関する仕事をしたかったんだけど、まだそんな時代ではなくて、それでファッションなどの仕事をしていました。
遠山　いつ頃から、フランス料理は人気になってきたんですか？

大沢　1980年代半ばでしょうか。三國さん（オテル・ドゥ・ミクニ）の本が話題になったり、フランスから30代で帰ってきたオーナーシェフの石鍋さん（クイーン・アリス）、井上さん（シェ・イノ）、坂井さん（ラ・ロシェル）、北岡さん（オテル ドゥ キタオカ）たちが、どんどんレストランを立ち上げて、話題になったりしましたね。

フランス料理文化センター

大沢　その後、日本でフランス料理のプロを育成する活動をしたい、というフランス側の考えがあって、それを受けて1990年にフランス料理文化センターが出来たんです。

遠山　それを立ち上げたのが大沢さんなんですね。センターの背景を教えてください。

大沢　東京ガスとパリ市商工会議所（CCIP）が、食文化の交流という共通の目的をもって、パリ市商工会議所所属のフェランディ・フランス料理上級学校（パリ）と、テコマ校（ジュイ アン ジョサス）が提携してくれました。

研修

遠山　フランス料理文化センターでは、どういった活動をなさっていたんですか？

大沢　私は料理とサービス両方やりたかったの。当時は、サービスはプロの仕事と思われていない時代でしたし、現実にサービスに携わる人達にも自分を卑下していたところがあった。だから、ヨーロッパで一番のプロ養成学校、パリのフェランディからサ

ービスの教授を呼んで、３日間、服部栄養専門学校で勉強会をしたんです。日本で初めてのオープンなサービス講習会だったのではないかと思います。

遠山　どんな内容の授業だったんでしょう？

大沢　テーブルの仕込みから始まり、各種デクパージュ、フィルタージュ、フランバージュなどの技能を中心に、今とほとんど変わらない内容で、３日間で本１冊できるくらいやりました

遠山　そういったことを既にご存知のサービス人って、当時どれくらいいらしたのかしら。

大沢　ほとんど、いらっしゃらなかった。でもオークラなどホテルのメインダイニングなんかでは、結構やっていたようです。

遠山　例えば、どんなことですか？

大沢　ヴォアチュールでローストビーフを切るとか。日本では「ローストビーフワゴン」と言います。

幹と枝

大沢　フランスでは国家試験があって、基本はこれ！ってしっかり決まっているんですよね。本当に揺るがしていけないベースで、「幹」となります。その発展形が「枝」とするならば、多様な枝ぶりというのは決して悪くないんですけど、幹と枝の区別がついていないというのが、当時の状況でした。幸い料理の世界には本というものがあり、どんな人でも調べることが出来たんですが、日本のサービス業界にはその基礎となる本がなかったの。ですから、例えば鴨の切り方とかもたまたま自分の先輩がどこかで学んだものを、それが枝かその先の小枝という発

展形かもしれないのに、それが「幹」として伝わっていったわけです。

遠山　それでは、「幹」からどんどん離れていきますね。

大沢　「幹」を知っていれば、いかようにも枝を生えさせることができるし、それをレストランの独自性、個性としてうち出すことができます。でも「枝」しか知らないと、その先の次の展開が出てこない、という事だろうと私は思いました。ですから、その一番のベースを伝えることが必要だと思ったんです。

コンクール

遠山　そこで、コンクールを始めたんですね。

大沢　そもそも「コンクール、どうやって審査するの？」という声が大多数でした。

遠山　幹がわからないからですね。

大沢　だからコンクールを1994年に立ち上げた時も、フランスから長年コンクールをやってきた方を連れてきて、日本人審査員を育てなければと思いました。そしてフランス人と日本人の審査員をカップルにして、なぜこれは7点で10点ではないのかというのをそれぞれに考えてもらいました。

遠山　審査の水準合わせですね。

大沢　そうやって審査員が育たないと、コンクールのレベルが上がらない。今はコンクールを受けた人が審査員になれるようになってきました。こうしてコンクールは成長していくんですね。コンクールのあるべき姿だと思います。

遠山　参考になるコンクールが、フランスにあって良かったですね。

大沢　はい。フランスで1960年代から実施されているコンクール「ジョルジュ・バティスト杯」の会長始め、役員、審査委員を招聘しました。技術面だけではなくメンタル面でも、日仏審査員の交流は大切だと思いました。当時審査員をやってくだった日本の皆さんは70年〜80年代に現場でサービスにあたっていた方々で、ちょっと屈折していたように思います。巷では、社会的に認知されないような風潮がありましたから。フランスから先生を呼んで講習会をやると、フランスの講師はみんな「なんで日本人サービスマンは自分の職業に誇りを持っていないのか」と、一様にショックに感じていましたねぇ。

遠山　ご自身は誇りをもっていらっしゃるから、尚更ですね。

大沢　彼らは、大統領が来ても握手出来て、ファーストネームなんかでも呼ばれちゃってね。フランス大使公邸のメートルさんは出世すると執事になります。大使とのコミュニケーションは一番多いし、場合によっては大統領とも直にお話しできるようになるんです。

遠山　ホテルオークラの故橋本保雄さん、私はＢＩＡ（元一般社団法人日本ブライダル事業振興協会、現公益社団法人ブライダル文化振興協会）でお目にかかったのがきっかけで、彼の晩年に勉強会を一緒に運営していたんですけど。

大沢　存じ上げています。B.M.C.（全国宴会支配人協議会）とかもなさっていましたよね。

遠山　はい。大沢さんもご存知の通り、橋本さんはサービス人の誇

りと社会的地位が上がることを目的に、HRS（一般社団法人日本ホテル・レストランサービス技能協会）を立ち上げられたんですけど、その活動をもってしても、なかなか難しい現実がありますよね。給料を上げたりして、働く環境を整えることが大事だと思うのですが、それはそれとして、やっぱり人が好きでサービスが好きでこの世界にいる若者にとって、明確な目標があってほしいと思うんです。でも残念なことに、国家検定のこともコンクールのこともメートル・ドテルのことも知らない子が多いんです。知っていれば新たな目標になるのに。だから、この強烈なキャラの田中さんを通じて、本で伝えたいと思っているんです。サービスの本って、少ないですよね。

大沢　日本に講師としてお呼びして、共にコンクールを立ち上げたアンドレ ソレールさん、素晴らしいメートルであり教授でいらして、その方の『レストラン・サービスの哲学』があります。下野 隆祥先生も技術の教科書を出していらっしゃいますね。

大沢　「栄光のないところに人は集まらない」と考えて、コンクールを立ち上げました。コンクールという場があれば、目指す人が出てくるわけです。その勉強の過程で、テクニックの基本もきちんと学び直すことができます。また審査する方も、今一度基本を見直します。コンクールの開催によって、審査委員・選手双方による「幹」の伝承が出来ていくのだと思います。

遠山　コンクールは、毎年開催されているんですか？

大沢　今は2年に1回ですね。料理とサービスを共に育てていく、というコンセプトの下に、1994年の創設以来、料理とサービス

の二つのコンクールを同時開催し、授賞式は同じ日に同じ場所でやっています。以前は料理とサービスの接点は全くなかったようで、シェフたちはサービスは「皿運びだ」と威張ってばかり。お互いに認め合うという風潮もなかった。でもコンクールの授賞式では、両方の優勝者が同期としてつながっていくし、その後一緒にフランス研修に行ったりして、料理人とサービス人が横につながる機会になる。そのつながりが発展して、今日のAPGF（フランスレストラン文化振興協会）結成に至ってます。

田中　コンクールに出ると刺激になるんですよ。同い年くらいの他の店の人、5人中一人くらいは気の合う人がいるから。

遠山　そうでないと、出会う機会ないですね。

田中　自分の店だけだと小さくなるけど、他の店のことを知ると「あぁそうなんだ！」って、視野が広がるんですよ。

大沢　コンクールって「水平と垂直」があって、「水平」は参加する人たちの横の繋がり。「垂直」は年も、レベルも、社会的な立場も違う審査員たちとの繋がりも出来ますでしょ。

遠山　水平と垂直、わかりやすいですね。

田中　大沢さんと知り合ったのだって、垂直ですよ、僕からすると。絶対知り合う機会がないから。

遠山　そこで優勝した後、その人にはどんな変化がありますか？

大沢　日本の場合では、あんまりそれによって職場を変える人はいないかな。日本では店を変わることが否定的に見られることもあるけど、フランスでは全く違っています。フランスの「ジョルジュ・バティスト杯」で優勝したりすると、シェフ・ド・ランだった人が同じ店や他の店でメートル・ドテルになったりし

て、確実にキャリアアップ。間違いなくそう。日本の場合は、まだそこまでいっていない。優秀な人材がこの業界からいなくなるのが一番困るので、お店は変わってもいいと思ってます。自分の店を出すことも素晴らしいと思うし。

遠山　結局、雇っている人、例えば、オーナーや会社の本部の人間がメートル・ドテルのことをきちんと分かってないから、昇給・キャリアアップに繋がらないってことですよね。メートルの存在、その意味と難しさがもっと伝わったらいいのに、って思います。日本は外圧に弱いので、フランスでの状況を伝えていくのも大事ですね。

田中のコンクール

遠山　田中さんも、コンクール受けていましたよね。

大沢　あなた、どうだったんだっけ？

田中　6年チャレンジしてて、最初はペーパーで落ちてました。

大沢　それまではお会いしてなかったのよね。3位になった頃から、こういう人がいるなって思うようになった。それで、フランスの世界コンクールに行った時、私もパリにいたので吉野さんとルーアンまで応援に行ったの。

遠山　そういえばフランスに行く前に随分文句を言ったそうですね。

田中　だってフライトはエコノミーで、ホテルはB&B（ベッド＆ブレックファースト）ですよ。サッカーの日本代表ならビジネスかファーストなのに、なんで僕はエコノミーでB&Bなのかと、頭にきた。

遠山　こんな人、初めてじゃないですか？

田中　でも、いざ行ってみると、ホテルは郊外と行ってもパリ市内まで地下鉄で15分、駅からホテルまでの道のりはきれいなお花畑があって、部屋は一人用なのにダブルベッドが二つで、バスタブもあって。朝食会場は全面ガラス窓で、ドリンクの自動販売機も朝はタダで使いたい放題。その前の研修中にいたパリ市内の、スーツケースも開けられない部屋と比べようもないほど快適で素晴らしかった。だから、その後フランスに行った時は、自分でそのホテルを予約したんですよね。

遠山　わかりやすいなぁ（笑）。

田中　そこには各国の出場者も泊ってて、送迎バスが来てみんなをシャンパーニュとかレストランの見学に連れて行ってくれました。それも、勉強になりましたね。

大沢　でも、運営は結構めちゃくちゃで、コンクール後のガラパーティが終わったのは夜中でね。日本ならちゃんとオーガニゼーションして、「パリに戻るなら何時までに何処に集まればバスが出ます」とか普通にインフォメーションがあるのに、それも何もなくて、みんな乗れるのか？って感じで。パリに着いたのは夜中の２時か３時で、ホテルまでタクシーがあるだろうか？と。怖ろしい状況だった（笑）。

遠山　コンクールの前に、パリで研修したんですよね。

田中　大沢さんが「フランス語あまり上手じゃないんだから、その前に仕事して慣れておきなさい」と、グラン・ヴェフェール、ル・サンクと当時ミシュランの３ツ星のレストランを用意してくれました。

遠山　それは有難かったですね。

田中　グラン・ヴフェールでの研修はとても有意義でした。支配人が世界コンクールの練習にと、賄いの時はワインとディジェスティフのブラインドテストをしてくれました。そのワインの中には、ドメーヌは忘れましたが、MONRACHETがありました。ディジェスティフも、すごく高価なものを出してくれました。営業中も普通にサービスさせてくれて、凄く勉強になりました。

遠山　その支配人さん、素晴らしい人物ですね。

田中　クリスチャン　ダビドさんという方で、14年間で6人しかサービス人が入れ替わっていない、って言ってました。これは驚異的数字ですよ。類い希な統率力には感服です。でも急に、ル・サンクがダメになった。

遠山　コンクールの1週間前に、パリに行ったんですよね。

田中　そう。大沢さんがそう言うから、店のみんなに頼んで早めに行かせてもらったんです。そしたら、ル・サンクの研修はダメになって。「せっかく早く来たのに！」って言ったら、大沢さんに「しょうがないでしょ！　フランスってそういう国よ」って言われて。でもそしたら、クリスチャン　ダビドさんが同じ系列のホテルクリヨンに電話してくれて、研修させてもらえることになったんですよ。

遠山　普通、ダメになったらあきらめるのに、怒るというか文句を言うというか、いいキャラだなぁ。

田中　予定が変わるとか、嫌なんですよ。

遠山　大沢さん、こんな手間のかかる選手は大変だったでしょ。

大沢　確かに（笑）。

大沢　田中さんは世界で2位になったから、満足してもうコンクールを辞めちゃうかなと思ったの。そしたら日本に帰ってまたコンクールに出たから、これは普通の人とは違うと思った。普通、世界大会まで行って次に日本大会で結果が出ないと、世界大会の成績にまで傷がつくと思うでしょ。

遠山　普通は、守りに入りますよね。

大沢　だから、内心は応援してましたね。

遠山　最初は、田中さんに審査員を頼まれたんですよね。

大沢　当然、審査員をお願いしたいと思っていたんですよ。

田中　大沢さんからは「コンクールにも出れるんだけど、どうしますか？」って言われて。ちょうど年齢制限で最後の歳で、でも奥さんが「出られるなら出たら」って言うし、このまま世界2位という立場で審査員をやってもなぁ、って思った。

遠山　攻めたわけね。

田中　その時考えたのは、部下でしたね。中途半端な姿を見せたくなかったし、負けるとは思ってなかったし、やって勝ったら一番いいなと思った。

遠山　でも、勇気要りますよね。

大沢　そうですよ。

田中　その時、大沢さんとか新村さんは、予選での点数を知ってて。大体上から3番目位の成績じゃないと、決勝に進めないんです。予選の点数を持っていきますから。でも、予選では十何位だったらしくて。だから、準決勝・決勝と進んでも、大沢さんは変な顔してた。

遠山　何がいけなかったんでしょう？
大沢　筆記試験とかが良くなかったんじゃない。
田中　僕は、自信満々なんですよ。
遠山　だって、優勝しか考えてなかった、って言ってましたもんね。
田中　僕は点数を知らされてないから、最後までそのつもり。で、優勝したら控室で大沢さんと新村さんが、二人で泣いてるんですよ。何で？　と思いましたよ。もし1位になれなかったら、という大沢さんの親心だったんでしょうね。
大沢　泣いてませんよ！　でもこの強気なしに、今はありませんよね。
田中　決勝はぶっちぎりでしたよ。僕のお客様役も、最高の布陣だったんですよ。フランス語で話しかけてくれたり、吉野シェフの知り合いもいて、声をかけてくれたりしたから、緊張もしなかった。
遠山　お客様にも恵まれたのね。
田中　大体、コーヒーを最初に出したら優勝なんですよ。
大沢　そうなの？
田中　だって、段取りがいいってことですから。ジンクスもあるかもしれませんが。で、自分はダントツで一番先にコーヒーを出しました。
大沢　こちらは運営してるから、現場を見てないし。私は点数つけてないから、結果はわかんなかったですよね。
遠山　なまじ本人が自信満々だから、なおさら心配しますよね。でも、優勝しか考えてなかったというこの性格だから、最後までいけたのかもしれないですね。

講習会

遠山　メートル・ドテルになるためには、どんな勉強が必要なんですか？

田中　ワインとデクパージュと語学、日本では英語とフランス語なんですよ。後は人間性。

大沢　自分が売る商品の説明もできなければいけないですよね。ワインも料理も。

遠山　わぁ、どんどんハードルが高くなる。だからフランスのメートル・ドテルは、国家検定なんですね。

大沢　フランスで国家検定をどうして取るかというと、最低賃金が決まるからです。若ければ15歳からサービスを始めて17歳くらいで試験に通ると、キャリアアップも出来ます。こういう風に具体的に生活を支えることにリンクしていかないと、なかなか意味がないんです。

田中　今は、会の人達で座学もテクニックも講習会もコンクールもやっているけど、最初の頃は大沢さんが講習会の講師とか座学をやってくれて、コンクールも大沢さんを中心に回ってました。手伝っている人たちはあまりわかってなくて、どうしたらいいか確立されていなかったから。体制が整ってきたのは、2010年くらいじゃないかな。

遠山　田中さん、今は講習会の講師もしていますよね。

田中　講習会はかなり行きましたね。今年は7回中5回行きましたね。神戸で2回、東京で5回やるのかな。

遠山　その中の5回とは、頑張りましたね。1回に何人？

田中　25人くらい。

遠山　何時間くらい？

田中　6時間くらいですね。朝10時から夕方4時までで、コンクールのテクニックとか教えます。

遠山　わぁ、長いなぁ。講習会って、有料なんですか？

田中　有料です。メートル協会会員は6,500円、それ以外は7,500円。

遠山　安いですね。内容も充実してそう。

田中　講習会に出ると、今度のコンクールの課題がわかるんですよ。

大沢　初めてコンクールに出ようとする人は、みんな何を勉強したらいいのか、わからない。それを講習会でわかってもらうんです。そうでないと、やる気があっても具体的に動けないから。

田中　いつもは仕事が忙しくて講習会にあんまり行けなかったけど、今年は行きましたねぇ。

遠山　それは心境の変化かなんか？

田中　今年だけ、テストには出ないけど葉巻の授業をすることになって、葉巻なら僕が説明したほうがいいと思って。

遠山　どうして田中さんがした方がいいと思ったの？

田中　葉巻が大好きだから。それに前にスタッフ向けに撮った動画や、見田さんが昔出ていたケーブルテレビの動画、タイユヴァン・ロブションでディレクターだったクライスとかが出ていた動画を、講義で使ったんです。「葉巻を知らないと、ソムリエにもメートルにもなれない」って内容です。25年前で、今の半分くらいの体型の自分も映ってるっていうのもあって、自分が出た方がいいかなと思って。

遠山　コンクールである以上、芳しい成績で終わらない子がほとん

どじゃないですか。人って1回はチャレンジできるけど、また
　　チャレンジすることって、本当に勇気が要りますよね。
田中　そうですよ。今度出たら絶対優勝できるとわかっていたら、
　　出るけど。
大沢　わかんないですよね。次のだめかもと思ってしまいますね。
遠山　講習会は、そうした再チャレンジ組にとってもありがたいで
　　すね。
大沢　コンクールだけやっていると、なにが良くなかったのかがわ
　　からないけど、例えば田中さんの講義を見ると、自分ができな
　　かったことが具体的にわかりますよね。講師の方には負担が大
　　きいと思うんですけど、講習会がなければコンクールは成り立
　　たないと思います。
田中　後は、本人の志。
遠山　会社とか店を背負ってやってくる子もいるでしょう。それが、
　　結構しんどいですね。
大沢　そうよね。上司に何か言われちゃうと、心折れちゃうことも
　　ありますよね。そこでお店の人には「来年も頑張れよ！」って
　　言っていただけたら、と思うんですよね。
遠山　運営側にとっても受ける側にとっても、コンクールを積み重
　　ねていくことはものすごく大変ってことですよね。

田中　コンクールで国が表彰金2,000万円とかをくれたら、優勝し
　　たいと真剣に思うんじゃないかな。でもそれがないとしても、
　　「普段の営業が一番大事だな」ということを感じさせてくれる
　　のも、コンクールなんです。コンクールでは無茶苦茶緊張して、

手がブルブル震えて。この緊張感を普段のお客さんの前でもやったら、凄く真剣に丁寧にやるから間違いなくお客さんに可愛がられる。可愛がってもらえたら、サービス人は嬉しい。でも志のないスタッフを引っ張っていくのは難しいから、こいつは頑張るなと思う人を、引っ張ってやりたいです。

遠山　でも、講習会に参加すること自体、志あるんじゃない？
大沢　そうだと思います。だから、それに応えていくためにも講習会は続けていかなければならないと思っています。

遠山　コンクールでいい成績を取ると、役割が変わって、審査員とか頼めるようになるんですね。
大沢　そう、みんなに審査員とかやってもらっているんです。それだけじゃなくて、田中さんは店の若い子をコンクールにどんどん出すの。審査員をやっていても、その店の子が出てこないこともあるんだけど。それでね、田中さんとこは変な子も出てきたりして。
遠山　変な子って？
大沢　靴下を履かないで革靴を履いてたりとか（笑）。
遠山　もしかして小松さん？
田中　そう、デカオちゃん。
大沢　やっぱりね。変な人には変な人が付くのよね。
遠山　やっぱり、似てくるんでしょうかねぇ。
大沢　でも、彼は大阪でなかなか頑張っているわね。
田中　ある人が、「タテル ヨシノ」は田中さんが審査員にいるから上位に入れるんですよね、って言ってたらしいです。でも、ま

第5章｜フランス料理の世界

だ僕の後誰も優勝していないんですよ（笑）。

大沢　関係者の点数は、入っていないんですけどねぇ。

遠山　それを伝えても、なかなか理解してもらえないですよね。コンクールって、難しい。

メディア対策

遠山　メートル・ドテルのコンクール、もっと世に出したいですね。

大沢　今年はあるテレビ局が取材をして、番組を作ってくれるかもしれません。

遠山　前にも、NHKのテレビ番組「プロフェッショナル」でコンクールのことが少し紹介されましたね。

大沢　2012年世界大会で日本代表が優勝したんですけど、その時は事前に提案していたけれど、結局企画が通らなくって。で、日本人が優勝したから、後から慌てて番組を作ったんです。

田中　僕としては「世界大会を誰が日本に持ってきたか」を伝えてほしかった。大沢さんをもっとクローズアップしてほしかった。

遠山　今度はどんな内容になるんですか？

大沢　表面だけのものではなく、「フランスではこういう国家試験をするために、こういう教育をやってます」みたいなところまで取材してほしいと伝えてあります。コンクールのバックグランドをきちんと入れてもらうことで、協力することにしました。

遠山　そこ、大事ですよね。いつ頃放映予定ですか？

大沢　企画が正式に通れば来年になると思います。フランスで国家試験のための授業とかも取材してもらいますので。

女性

遠山　コンクールって、男性ばかりですか？

大沢　そんなことはないけど、これまでコンクールで女性が最後まで残ったことがなくて。今年初めて、女の子がアンダー29で優勝しました。帝国ホテルのスタッフです。それで、今年のシニアの決勝に出られるシード権を獲得したんですよ。

遠山　それは楽しみですね。女性のメートルを育てたいですか？

大沢　もちろん育てたいです。フランスでは、相対的には少ないけど、何人もいます。

田中　だから大沢さんは、サービスマンと言わないです。サービスパーソンと言います。

遠山　私もその辺りは意識していて、本ではサービス人で統一させてもらっています。

大沢　それは大切なことですよね。去年ジョルジュ・バティストの優勝者を招聘しましたが、ホテルブリストルの女性アシスタントマネージャーでした。

遠山　男女で、メートルとして違いはありますか？

大沢　ないです。客としては、全くないと思います。

田中　フランスの店では、女性のスタッフが結構いました。ソムリエが女性だったり、シェフ・ド・ランまでは女性だったり。現場では、重たい物、例えばビールケースなんかは男が持ってあげればいいじゃん、という感じ。

遠山　それは素敵。女の子は勉強するので、筆記は絶対いい成績だと思うけど、その後はどうなのかな、と思ったりしますが。

大沢　夫婦で活躍している方も、いらっしゃいますよ。フレデリッ

ク　カイザーさんは、エッズに勤めていた頃に日本のガラディナーを仕切るためにフランスから呼んだのですが、本当に仕事が早かった。その後MOFを取って、ホテルブリステルのエピキュリアンのメートル、その後料飲部長をやっています。その奥様もコンクール優勝者で、他の店に勤めてて、子どもも二人います。

遠山　素晴らしいですね。そういうご夫婦が日本でも増えてほしいです。

歴史と文化

遠山　以前パーティで大沢さんが「吉野さんと田中さんがいらっしゃらなかったら、ここには来ませんでした」とおっしゃっていたのが、とても印象的でした。大沢さんは、料理人とサービス人の評価を同じくしているという事ですよね。

田中　大沢さんは、そうです。

大沢　そうです。

遠山　日本だと、あのシェフがいるからという選び方が一般的で、サービス人でレストランをチョイスする人は、限られていると思うんですが。

大沢　それは今のフランスも同じです。2000年過ぎた頃から、シェフをアーティストとして扱い、メディアの寵児(ちょうじ)としています。それは日本と変わらないと思います。だけど、もう1回その店に行くかどうかは、違うんじゃないかと思いますよ。

遠山　そこに、サービスの大切さがあるんですね。

田中　大沢さんは店に料理人とサービス人を連れてくるけど、いつ

も対等ですもんね。お互いが仲間として話してて。日本では、料理人がサービス人を見下すんですよ。吉野シェフが僕を見下すのは、16歳も年下だから当たり前なんだけど。

遠山　見下しているなんて、ちっとも思わないけど。

大沢　吉野さんは、田中さんを大事にしてますよね。

遠山　そうですよ。吉野シェフは田中さんのサービスを凄く認めてて、頼りにしてますよね。パリから凱旋してきたシェフの第一期生がサービスの話をしないのはどうしてでしょう？

大沢　彼らは知らないんだと思います。昔は、きちんと許可を取って働いていた方も中村　勝宏さん（日本人で初めてパリでミシュランガイド1ツ星獲得）とか何人かいらっしゃるけど、多くの方は経済的にも厳しい中で、片道切符で、非合法で働いたりもしてました。それが当たり前の時代だったんです。だから当時のフランスで、超一流のところで客としてちゃんとサービスを受けた経験をした方はあまりいないんじゃないかと。

遠山　仕方ないことかもしれないけど、残念ですね。

大沢　あの時代は、素晴らしいサービス人がたくさんいました。70年代前半までは、デクパージュ中心。サービス人がキッチンから大皿盛り料理を取ってゲリドンに運び、お客様の前で仕上げてました。その後ヌーベル・キュイジーヌの波が来て、60年代終わりから皿盛りが多くなって。だから新旧両方のサービスを知っている人が本当に少ない。ヌーベル・キュイジーヌ以前の料理人やサービス人は、デクパージュなどがいかに大事かを知っていたんですが…。

遠山　サービスにも、変化があったんですね。

大沢　シェフの多くは、皿盛りの時代になってから渡仏されていますね。また皿盛りになってフランスのサービスのレベルがガーンと落ちたことも、影響があると思います。

遠山　サービスを学ぶことに恵まれない時代でもあった、ということですね。

大沢　だから90年代から、私なりに勉強したりフランスの先生の講義をまとめたりして、講習会などでフランス料理やサービスの歴史をお話しています。サービス人が自分の職業に誇りを持つためには、サービスの変遷を伝えて、自分の拠り所となるルーツを知ってもらうことが大事ではないかと思ったからです。

遠山　フランス料理は文化だと聞きますが、文化の中にサービスがあると思うと、仕事に対する意識が変わってきますね。

大沢　そもそも、食が文化の基本で、文化は食から始まったのだという説があります。私の連れ合い（大澤　隆）によれば、カルチャーは耕（たがや）すという意味。農に直結する食は文化そのものだから「食文化」という言葉は同じことを2回言っているんだと、彼は主張しています。文化には文学や絵画があって、その同列に食を入れてもらったのではなくて、食がベースということです。日本では文化庁がやっと「食は文化」と言うようになりましたが、サービスについては頭の中にありません。

遠山　全くないんですか？

大沢　全くないですね。村田 吉弘さん（京都・菊乃井主人）たちが努力されて、和食文化が無形文化財に認定されましたが、日

本料理もお皿の上だけだと思います。大使館のレセプションでも、フランス大使は必ず「日本とフランスは世界に冠たる食文化で密接な関係をもっている」とおっしゃってくださるんですが、日本側は大臣が来ても、そのラブコールに対してバンと応えるスピーチを聞いたことがないんです。和食が世界の無形文化遺産になって食材が売れるというくらいしか考えてなくて、文化と思っている政治家がどれくらいいるのかなぁと思っています。いつもフランスと日本はすれ違っていると思います。

遠山　フランスは、ワインとか料理を国家戦略として捉えていますよね。政治家の意識もそれが背景になってて。でも日本にはそういう戦略や意識を受け止めることも、交流することも下手なんですね。

大沢　実はもっと根深い、歴史的な積み重ねがありましてね。「武士は食わねど、高楊枝」っていう言葉があるでしょ。それが美徳として数百年続いて、そこから出てきた下級武士が政治をつくって、今に至っているわけです。一方フランスは、確かにフランス革命で王様の首は切ったけど、ベルサイユ宮殿の食事は料理もサービスも含めてレストランという形で民主化して、パリから地方へ、全ヨーロッパにまで広まりました。食事が大事なんだと、わかっているからです。もう一つは、フランスには「フランスの食のおかげで助かった」という歴史があることです。ナポレオンが負けてフランスが分割されてもおかしくなかったのに、戦後処理を決めるウイーン会議では凄く有利な条件を獲得しました。それは食の力だったの。当時ナポレオンの外

務大臣だったタレーランは食通で、アントナン カレムという超有名な名シェフを抱えていたんです。そのタレーランがカレムを連れてウイーン入りして、約1年間にわたるウイーン会議で毎夜毎夜豪華な料理でパーティをしたんです。「会議は踊る」という映画にもなったでしょ。フランスは敗戦国なのに「領土を守った！ 食で勝った！」という凄い経験をしてるので、料理に対する思いは強いんですよ。その後ロシアとかイギリスとかの王室にこのアントナン カレムが呼ばれて、フランス料理が広まりました。その頃明治政府も使節団を欧州に派遣してましたが、ヨーロッパのどこに行っても王室ではフランス料理だと知って、だから明治以降今でも、皇室の正式な晩餐会はフランス料理なんです。

田中　フランスは侵略されることも多かった国なので、飢えに対して日本の何倍も危機感があるし、食べることは神聖だと思ってるんですよ。

美食という言葉

遠山　飽食(ほうしょく)の時代という言葉があるように、日本では「豪華な食事は贅沢」という意識があるんでしょうか？

大沢　美食という言葉がありますよね。ガストロノミーの訳語なんですが、これが問題だと思うんです。美食というと、一部の特別な人が食べられるものという感覚で、お役人は「とんでもない。ご接待は受けられません」という否定的な意識を持ってしまいます。でも食事にはいろんなレベルがあって、年に1回、月に1回、週に1回のレストラン、毎日の家庭料理、それぞれ

のレベルの中でいいもの、というのがガストロノミーなので、トップの料理だけを指しているわけではないんです。

遠山　でも日本では、美食は特別な時やお金持ちのものとなったんですね。

大沢　だから今でも、エリートであってもサラリーマンは、接待でもない限り、なかなかきちんとした食事をしませんよね。お昼のレストランは女性ばっかり。

田中　フランス料理は、フランスの地方料理がパリで高まったものって答えたことがあったんですけど、それとガストロノミーと違うってことですよね。

大沢　よくイタリア料理はフランス料理のもとになっているという方が多いけど、一部は正しいけど全部ではないんです。確かにイタリアのメディチ家のカトリーヌ・ド・メディチがフランス王家にお嫁入りした時、嫁入り道具にフォークが入っていた、パティシエを連れてきたというのはあります。ヨーロッパは繋がっているけど、今でもブルターニュ、バスク、プロバンスでは、言葉も食文化も料理も違います。でもフランスは中央集権で、早い時期からベルサイユにそれらを集中することができて、近代フランス料理になりました。

遠山　じゃあ、確かにフランス料理は地方料理が昇華した形ですね。

大沢　それをフランスでは、14世紀から書き残してきました。17世紀にヴァレンヌというシェフが書いた本は英訳も出て、当時ものすごく売れたんですね。ベルサイユ宮殿の食卓も、フランス革命以降に出てきたアントナン　カレムが集約しました。本の

中で、もの凄いピエスモンテみたいな料理やサービスの仕方なんかもちゃんと書き残したんです。現代フランス料理の父といわれるエスコフィエは、レストランが発展した19世紀の料理を集大成しました。

遠山　日本でも、そういった本はありますか？

大沢　日本は、料理の巻物を隠してきたのが、いけないんです。

遠山　門外不出の、我が家の家宝にしてしまったのですね。

大沢　今は、日本料理でもこういうことが必要だねと思うようになって、村田さんを中心に頑張って本の出版をされていますね。

遠山　何かを残す時、書物は大事ですね。見聞きすることには感性が入ってしまうので、幹という揺るがないものを伝えるには活字にすることが必要になるんですよね。

田中　だからずっと、本を出したかったんです。

遠山　農水省の中に「和食室」ができて、予算もついてパンフレットも作りました。でも役人ばかりで、政治家と専門家がいないから、誰にもなかなか伝わらない。こういうのは活字にしてるだけでは意味ないし、もったいないですね。イベントもしてるようですけど、フランスのように政治家が主導して国家戦略化していかないと、広がりませんよね。

貴族の次男三男がメートル

遠山　サービスは、フランスの文化なんですよね。

大沢　そうですよ。たぶんサービスの原点は、フランスだと思います。元々フランスの貴族の次男三男が、宮殿に入ってメートルをやっていたわけで。

田中　元々デクパージュは、兵隊の辻斬り。だから男の仕事。

大沢　兵隊というより騎士ね。だから、シュバリエと言われているわけ。

遠山　貴族の次男三男って、大事なポイントですね。生まれた時から上流の生活をして、上質のサービスを受けながら育った人たちが、サービスをするってことが、すべての基盤のような気がします。

田中　タイユヴァン・ロブションにいた時、「きみは貴族か？」って訊かれて、「違います」って答えたら、「じゃあ何で、こんなところでサービスをしているんだ」って。その時は何言われているのかわからなかったけど、後でこういう店でサービスする人は貴族なんだってわかったんです。

遠山　お育ちのいい人、ってことですね。

田中　基本的に、育ちがいい人じゃなきゃ出来ないです。フランスでシェフやメートルがもてはやされるのは、みんながそれが素晴らしい職業だと肌で感じているし、理解しながら育っているからなんですよね。

中国料理のサービスも素晴らしい

遠山　料理とワインのマリアージュって、イタリアとかスペインでもありますけど、メートル・ドテルってフランス料理だけなんですか？

大沢　そんなことはないと思います。中国料理でも当然います。一時オークラの中国料理にいた方も、コンクール初期の頃に出てて、優勝はしてませんけど決勝に残るくらいの方がいました。

田中　東京ステーションホテルの中国料理レストランにいる3人も、素晴らしかったですよ。

大沢　中国料理では、レベルの高い人が多いですね。

田中　その3人は中国料理しか経験がないと言ってましたけど、知識とか気遣いとか動き、素晴らしいと感じました。

遠山　フランス料理から高級中国料理に流れている人って、多いですよね。

田中　フランス料理のサービスは、中国料理のサービスでもアレンジできるんですよ。サービスのベースはフランス料理だから、自信がある。ただ中国料理では支配人とか、呼び方は違うと思いますよ。

お客様を育てる

大沢　レストランは、料理とサービスとお客様が創る一種の劇場なんですね。お客様は役者。料理人は裏方。サービス人は役者であると同時に演出家。お客様がフレンドリーな雰囲気で盛り上げたいと思っても、サービスの人がそれを演出してくれないと勝手に盛り上げるわけにはいかないし。それこそ、ある種冷たいサービスでも、そういう場所だとわかっていれば、お客様も文句言わないし。

遠山　慇懃無礼な感じのサービスって、ありますよね。でもそういうサービスを求めているお客様もいらっしゃいますね。

大沢　そう、それでいいわけで。例えば、ビジネスライクな話がしたい時はそういう店に行けばいいし。家族のお誕生会で行ったら、すっごく嫌だったってこともあるけど、でもそれはあなた

が行く場所を間違えたのよっていう話なの。

田中　フランスではメートル・ドテルって確固たる職業で、タイユヴァンにジャンマリーという人がいたけど、その素晴らしさは行った人しかわからないから、多くの人は知らないままで残念ですね。

遠山　街のレストランでも、あの人がいるからそのレストランに行きたいと思わせるメートルみたいな人がいますよね。でもそういうサービス人って、少ないと思いませんか？

田中　サービスに対してそう思ってくれるお客さんが少ない、ってことでもあると思うんです。食べることが大変だった時代の人は、食べることを慈しんでくれるから、そこで働く人も大切にしてくれるんですよね。80歳とか90歳のお客様は、レストランはスーツで、という感覚を持ってくれてます。

遠山　お店にリスペクトする気持ちね。

田中　前はそれが当たり前だったけど、今はないですね。だから若い人にとっては、ファミレスとかにいるスタッフも僕も、同じなんじゃないかな。

大沢　そうかもしれないわね。

　　　コースメニュー

大沢　今やミシュランの星が一番多いのが東京。どこも一杯で、結構なことだと思います。皆さん星のある店にあちこち行って、行った店についてあれこれ言っているけど、危惧（きぐ）するのはお客さんが育っていないってことです。その理由は三つあると思うんですね。一つは、どの店もお任せのコースのみで、ア・ラ・

カルトで注文できる店が多くないこと。メニューを見て、どれを頼むのがいいのか、自分の体調と合うのがどれか、ソースや素材がかぶってないかとか、メートルに聞いて説明してもらって想像するって、凄い勉強になるんです。でも今の若い子は、ミシュランの星の多いとこに行って、ア・ラ・カルトのメニューを見ても、選べないんじゃないかと思います。グランメゾンというのは、本来はア・ラ・カルトがないといけないというのが私の持論。もちろん人手不足やフードロスという問題もあって、経営とか地球にやさしいとかと思うと、そう言い切れない部分もあるけど、お客を育てるという意味では、ア・ラ・カルトがあってほしいですね。

田中　フランス料理の醍醐味は、ア・ラ・カルトですよ。

大沢　3ツ星を取ったレストランがコースだけにしたことで、みんながそれに習ったのか、有名な店はみんなそう。だから誰もメートルに相談しないんです。

田中　ワインもそうです。ペアリングが多くなって、選ぶのが面倒なんですかね。

遠山　ずいぶん前だけど、ある店でペアリングをメニューで見て、なんて楽になったんだろうと思いました。だけど、私はこのワインが飲みたいからどの料理にしようかな、というチョイスをすることが多かったから、確かに安全なんだろうけど、面白みはなくなったと感じましたね。それに、失敗するかもしれないけど、失敗しないと成長しないし。

服装のマナー

遠山　お客様の服装も、それぞれですよね。お客様を育てるということなら、ふさわしくない格好だったら断れないのかしら。

田中　来てしまったら、断れないですね。女性はきれいな格好をして来てくれるんだけど、男性がダメですね。特に夏はジャケットを着て来きてくれるのは年配の方だけです。ここまでは手に持っていても入り口で羽織（はお）ってくれる、そういう方はいい席に変えます。

遠山　先日は、半ズボンで来た人がいました。驚きました。

大沢　半ズボンで入ってくるの？　信じられない。

田中　この夏は、暑いせいもあったけど、Tシャツ、サンダルなんて格好で来る人もいたんですよ。

遠山　ちゃんとした格好をすると「慣れてないように思われるから嫌だ」と思う人もいるんですよ。勘違いというか、若気の至りというか。

田中　そういう人、いますよね。シャツとかジーンズとか破れてて、キャップかぶったりして、でも凄い高い時計してたりとか。それで、何万円もするワインを飲んでくれると、それはそれで経営的には助かっちゃう。

遠山　でも六本木のクラブとかだと、何十万円してもジーンズはダメで、着替えて来てくださいと言って入店を断ってますよね。そういう風にしないと、若者が学ばないと思うけど。

田中　来てくれたら、難しいですよ。前に芝パークホテルオーナーの犬丸さんが「なんであんな客を入れたんだ」と、そのお客さんに聞こえるように言ってたんですよ。何度も、言ってました。

遠山　犬丸さんの気持ち、わかるなぁ。

田中　だから今は、ホームページに赤字で「男性の方はジャケット着て来てください、お洒落して来てください」って書いているんです。

遠山　ジャケットを貸したりしないの？

田中　貸さないです。昔のタイユヴァン・ロブションでは、ジャケットをＳ・Ｍ・Ｌ・ＬＬって揃えてて、ネクタイも貸してました。でも、人の物を身に付けるのは嫌だろうなぁ、と思ってました。

遠山　高くても美味しい料理やワインを楽しみたくて、でもラフな格好で行きたいと思う人は、そういう店に行けばいいと思いますよね。その店の有り様というか、タイプがいろいろあっていいと思うの。でもその分、そのお店が求めるお客様像をある程度明確にした方がいいと思うけど。

田中　うちのお客様でも「ジャケット嫌いなんだよねぇ」と言う方がいらっしゃって。たぶんフランスでは着てるだろうけど、日本では着たくないんだよねぇ。

大沢　フランスの場合は、地方のレストランだと３ツ星でも夏はテラスでも食べるから、テラスならある程度カジュアルでいいんだけど、屋内でカジュアルは絶対に合わないから、ちゃんと着てくださいってこと。その辺をお客様にも阿吽の呼吸でわかってほしい。

田中　これはア・ラ・カルトと一緒で、銀座のこういう店に行くからこれを着ていこうみたいなことを、自分で勉強して考えてほしいです。

大沢　例えば、このインテリアの中でTシャツが似合うかどうか、そういうことを考えてもらいたいですね。

遠山　座る場所を区別するとかって、どうですか？　例えば、「なんで僕はこんな入り口の席なんだ。そういえば向こうの席はみんなジャケット着てるな」みたいな感じで、学んでもらうとか。

田中　そういう時、ありますよ。半ズボンのお客様は、一番端っこのズボンが見えない席に案内します。

見て・見られる

大沢　日本料理とフランス料理の違いっていうのは、フランス料理のレストランではお客が見て、見られるってことにありますよね。日本料理は基本的には個室でのサービスで、料亭もしかり。浴衣でもいいという温泉旅館もあったりして。でも、フランス料理のレストランは、「お客さんも見て、見られて、一緒に舞台を創っているんだ」という意識です。だから、どんな格好をしたらそこに一番合うか、って考えるのは大事なことなんですよね。

遠山　そういえばお店の人がよく「素敵なお客様には、メインダイニングのみんなから見える席に座ってほしい」って言いますね。

田中　やっぱりきれいな服を着た人とか、有名人ですよ。タイユヴァン・ロブションに藤原紀香さんがいらした時は、メインダイニングの真ん中のシャンデリアの下で、誰からも見える席でした。実際にサービスした仲間によると、気さくで素敵な方だったそうですよ。

大沢　昼はビジネスランチが圧倒的に多かった時代があって、また

異なる舞台になってましたね。

田中　97年とか、特にそうでした。パリのタイユヴァンでは、昼は背中に衝立みたいのを立てて、夜は取っ払う。

大沢　それは、とっても頭のいいやり方。

田中　夜はみんながお互い見えるので、お客様が雰囲気をつくる感じでした。

大沢　みんなにそういう意識があったの。そう言えばバブルの時、ある店ではエントランスから客席までの間に大きな階段があって、そこを降りていく時にはみんなが見てた。だからどんな服を着ていけば一番格好いいのか、女性客は真剣に考えてたもの。

遠山　その気持ち、すごくわかります。

大沢　それってやりすぎかも知れないけど、少なくとも見て・見られるということを徹底して意識しないと、服装は何でもいいでしょうということになってしまうわよね。

お声がけ

田中　お客様はワインや料理のことをそんなに勉強しなくてもいいんです。少しでも興味を持って、聞いてくれたら嬉しいんです。私たちは芸人じゃないから、こちらから知識をひけらかして話すわけにはいかないし。

遠山　やっぱり、聞かれるまで話せないんだ。ホテルマンとかは、声をかけられるまで話さないというスタンスなんだけど、そんな感じ？

田中　聞かれない事を言っても押しつけがましいし、いいよ！って言われてしまうのが関の山です。

遠山　でも、逆に聞いていいのかわからない、という人もいるでしょう？

田中　そんなに考えすぎなくて、いいんですよ。

大沢　お客様との距離感は凄く大事。なにげなくテーブル回ってて「どうですか？」とか、一言かけるじゃない。グラン・ヴフェールのクリスチャン　ダビドなんかは、いつの間にかそこにいて、お互い言いたいことがあればそのタイミングで言う、みたいな感じ。そういった呼吸を、日本のサービスの人は身に付けてほしいわね。

田中　なかなか、ああいう風にしなやかにいけない。

大沢　田中さんは、がっ、がっ、がっ、って感じ（笑）。

田中　刀、実際は持ってないですけど、持ってるような心持ちだから。

遠山　それってどうかなぁ（笑）。私にとって本当にリラックスできるレストランって、すっと目を上げたタイミングでさりげなくそばに来てくれるサービスの人がいる店で、そういうところはいつ行っても心地いいですよね。

大沢　じっと注視されているのは嫌だけど、お願いしたくても全然いないのもダメよね。

遠山　本当に、なんで分かるんだろうと思うほどタイミング良くて。多分お客様の目線を見ているんだろうな。

大沢　背中に目がついているような人も、いるし。

遠山　います、います（笑）。

食べに行くことは勉強

田中　お客様の気持ちがわかるのは、自分がいろんなところで食べている人ですよ。だから、お客様の気持ちがわかる。

大沢　本当に、食べに行くことは勉強よね。それは料理人もサービス人も一緒。でも、料理人はそれに店やホテルが予算をつけてくれることがあるけど、サービス人に予算つけてくれるところは聞かないから、多分自分で頑張って行かざるを得ない。でもどれだけそういう空間に身を置いたかって、大事なポイントだと思う。

遠山　面白いのは、そういう時に職業病でサービスが気になって仕方がない田中さんもいれば、リラックスして楽しめる尾崎さんという方もいらっしゃって、様々ですよね

田中　尾崎さんっていうのは、マキシム・ド・パリ出身で、全然知られていないけど、僕はタイユヴァン・ロブションで一年だけ一緒にやらせてもらったんですけど、素晴らしかったです。

大沢　そういう方もいらっしゃるんだ。

遠山　とてもチャーミングで素敵な方ですよ。

田中　当時は燕尾服ももの凄く似合ってて…。

遠山　珍しいんですよ。この口の悪い田中さんが、尾崎さん大好き人間でびっくりしました。

田中　俺が、俺が、って感じじゃなく、コンクールにも出たことなくて、世の中に名前が出ることを嫌うという、ロブションの山地さんやレカンの小泉さんみたいな感じ。この本では、自分だけでなく他にも尾崎さんみたいな素晴らしいサービス人がいっぱいいることを知ってほしいんですよね。するとそこから、メ

ートルもちゃんとした人がすると、素晴らしい職業だと思ってもらえるから。

メートル・ドテルの出世コース

大沢　フランスの場合、5ツ星ホテルの99.9％の総支配人は、メートル・ドテル出身。例えば、アンドレ フルネイさんは、プロスペール・モンタニエ国際クラブの会長さんをずっとされていましたが、現役としてホテルクリヨンとかあちこちの総支配人を歴任されていて、彼もサービス出身です。

遠山　日本のホテルでは、宿泊や本部から上に上がることはあっても、飲食から総支配人になることは本当に少ないですよね。私が知っている限りでは、片手もいないかも。

田中　日本では経理ができないと社長になれない気がする。フロント、経理経由で、社長になる場合が多いですよね。

大沢　社長にはならなくていいんだけど、総支配人というのはホテル全体のメートル・ドテルということ。24時間自分の家を守る立場だから、そのホテルに住んで朝から晩まで見守る感じです。日本ではロイヤルパークホテルにいらした中村 裕さんくらいでしたね。日本ではその部屋も客室として売らなきゃいけないという現状もあるかもしれないけど、とにかくレストランのメートル・ドテルからホテル全体のメートル・ドテルっていうのが出世コースですね。

遠山　そういう可能性が、日本でももっとたくさんあるといいですよね。そしたらみんな、意欲と野心を持てるから。

私は人事部長

田中　僕は人事部長ですよ。いつも人のことで頭を悩ましてる。34歳で若林さんとここに来て、彼が総支配人でしたが、人に関心がなくてワイン一筋。

大沢　そうそう、ワイン大好き（笑）。

田中　僕はお客様に好かれるサービス人が大事だと思っていて。だから僕は「話すのが好き」とか「接客が好き」とか言うスタッフには興味ないけど、人気があるサービス人は必要だと思ってますよ。イケメンだったり、美人だったり、歩き方がきれいだったり、清潔だったり。そういう人がサービスすると、お客さんは嬉しいですよね。で、みんな大切なスタッフだから、悩みがあると話を聞くんです。

大沢　田中さんは面倒見がいいからね、こう見えて。

遠山　本当に。口は悪いし、人の悪口も言うんだけど、それでもスタッフが結構慕っているんですよ、不思議なほど。

田中　人事部長で大事なことは、店のスタッフ同士を仲良くさせることなんですよ。そうすると店の雰囲気が良くなって、スタッフもお客さんも集まってくるから。で、繁盛します。

遠山　でも、面倒見がいいけど、怒りんぼでもありますよね。

田中　最近年取ってきたせいか、気に入らないことが多くなって、だんだん友達が少なくなってきたんです。だから、言いすぎたかなぁと、思うようになりましたよ。

コラム　Je serai toujours là Le président Natori
（私がいるよ　株式会社なとり会長兼社長　名取 三郎様）

　株式会社なとり会長兼社長の名取 三郎氏は、16年来のお客様で、月に2度ほど通ってくださる超顧客である。名取氏とは、忘れられないエピソードがいくつもある。
　ある日、何気ない会話の中で田中が「私は、最近叱らなきゃならないことも増えて、友達が少なくなってきている」と話した。
　すると、名取氏は「それは全然普通のことだよ」と応え、その後「誰もいなくなっても、私がいるよ」と、屈託のない笑顔で言ってくださった。なんて優しい言葉だろう。
　また、田中の顔が立つようにという配慮から、サービス・料理コンクールに毎年企業協賛してくださっている。名取氏の懐の深さに、感じ入るばかりである。
　田中は、「実際には存在しませんが、（株）なとりにはレストラン部門があって、自分はそこのマネージャーで、名取さんの直属の部下みたいな気分なんです」と、嬉しそうに笑う。

メートル・ドテルとソムリエ

田中　一口にメートル・ドテルと言っても、若い子もいるし自分みたいに経営までしなきゃいけない人もいます。僕はディレクターという肩書もあるけど、職業としてはプルミエ・メートル・ドテルです。ソムリエなんだけどメートル・ドテルという人もいるし。ソムリエは、その人の力量によって、全然違ってくるんですよ。

遠山　ソムリエは売り上げを上げる人で、メートル・ドテルは料理

とお客様の間を埋める人と言われてるけど、ソムリエがいればメートル・ドテルって要らないんですか？

大沢　そうではないんですよ。フランスではソムリエの国家試験はなくて、だから３ツ星とかでブリガードが大きければソムリエさんもいるけど、１ツ星程度だったらメートルさんがソムリエを兼ねます。だから本来、ソムリエはサービス人の一部だと思うんだけど、日本では違うんですよね。

田中　ソムリエは、本来は役職が低いのが普通です。ディレクターが一番上で、次がプルミエ・メートル・ドテル、その次がシェフ・ソムリエとメートル・ドテルで、ソムリエはその下です。

遠山　メートル・ドテルはソムリエの代わりができるけど、ソムリエはメートル・ドテルの代わりはできないってこと？

田中　できる人はいるけど、やらない人が多いですよね。

大沢　本当はできなきゃならないですし、できる人もいます。フランスではサービスの資格を取って、その後にソムリエ専科みたいな勉強をしている感じですから。

田中　若林さんの場合は、ただのシェフ・ソムリエではなくて料理も勉強してて、タイユヴァン・ロブションで修行もしているから、ディレクターもできた。だから自分よりも上なんです。

遠山　メートル・ドテルは、キッチンとソムリエとサービスの全体を見る、チームリーダーってことですよね。

田中　ソムリエも含めたサービスのチームを作るってことは、人事部長じゃないけど、自分の居場所を作ってあげることが大事なんです。

大沢　それこそ、軍隊なんですよ。ブリガードって言いますでしょ。

キッチンもブリガード、サービスもブリガードなんです。キッチンならシェフ、サービスならディレクターやプルミエ・メートル・ドテルがトップで、中隊があり、小隊がある。その中の小隊がソムリエなんですよ。

遠山　でも日本ではソムリエの方が、断然知名度がありますよね。
大沢　わかりやすいんでしょうね。ブラインドでワインを当てましたとか。ワインという物がちゃんとあるし。
遠山　シェフもソムリエも有名な人が多いのに、メートル・ドテルで有名な人がいないのが、本当に不思議。
大沢　ワインも料理も写真とかに撮れるけど、サービスって一番わかりにくいから。メートル・ドテルって、決め手のものに特化できないし、特化してはならないの。だから外へ向けてのアピールが難しいんです。
遠山　体感しないとわからない、ってことですね。
大沢　空気を創るみたいな、演出家的な部分もあるし。
田中　そういうところに価値を見い出してほしいですよね。

遠山　日本では、ソムリエの資格だけを持っている人が多いですよね。ワインに詳しい人ってことで、わかりやすいし。ソムリエとか、サービスできるソムリエってことになると、ちょっと雇ってみようかなって思われるのかな。
田中　ソムリエ試験は勉強すれば合格できるけど、それだけでソムリエとは言えないですよ。ワインは、フランスだけじゃなくてドイツ、イタリア、スペインの勉強が必要なんです。そこから

何年か経験もしないと。そういう意味では、たとえ資格を持ってなくても素晴らしいソムリエもいるんです。

遠山　経験って、接客？
田中　まず、料理を知らなければ、提案もできない。お客様の懐具合も分からないと、提案できないし。そのためにはお客様と話さないといけないけど、22〜23歳の子がお客様と話をするのは難しい。店で見てても、自分の言いたいことばかり言ってて、お客様が気持ちいい会話になっていないですよ。そういうとこから勉強して、少しずつソムリエになっていくんですね。
遠山　売り上げも利益もワインは大きいから、ワインの提案は大事ですよね。そのためにはたくさん勉強しなきゃ。
田中　ワインを分析できるのは、鼻。それに勉強。でも、持って生まれたセンスもある。
遠山　あぁ、若林さんは、鼻が違うって言ってましたよね。
田中　そう。若林さんとか岡　昌治さん（日本ソムリエ協会名誉会長）、熱田　貴さん（同協会名誉顧問）、田崎　眞也さん（同協会現会長）とかこそ、素晴らしい本物のソムリエ。だけど、日本ではあの人たちと若いソムリエが一緒になっている。それがわかるお客様のレベルというか、そこも大事かな。

　　　シュバリエ
遠山　シュバリエっていうのも、最近よく聞くんですけど。
大沢　シュバリエって、なんだと思います？
遠山　このレストランのオーナーはシュバリエです！　とか、この

人はシュバリエです！ とか、よく聞くんです。でも、内容がよくわからないんですよね。

田中　僕はシャンパーニュのシュバリエを、ランスまで行って貰ったことがあるんですよ。

遠山　ボルドーとかもありますよね。

田中　あります、あります。ボルドー騎士団とか、クロヴージョ騎士団もあるし。

遠山　騎士団ですか。

田中　大沢さんが持っているのが、一番の最高位で、農事功労章。

大沢　農事功労章でも、コマンドール、オフィシエ、シュバリエって３種類あるんです。コマンドールは司令官、オフィシエは士官、シュバリエは騎士。

田中　だから、軍隊なんです。

遠山　あ、そういうこと。だから軍隊。で、シュバリエは騎士なのね。

大沢　だって、ナポレオンに始まってますから。

遠山　なるほど、みんなが「レストランは軍隊」っていう意味が、今やっとわかりました。

田中　だって、フランスの今の法律はほぼナポレオンですから。

大沢　ナポレオンがいろんなものを作って、勲章制度もナポレオンが作った。

遠山　でも、いろんなシュバリエがありすぎて、よくわからない。

大沢　だから、何のシュバリエ？ って、聞くんですよ。

田中　ワインのシャンパーニュとかボルドーとかクロヴージョとかは趣味趣向のレベルで、各メーカーが販売促進に寄与してくれた人にあげるものです。

遠山　なるほど。だからソムリエが次に欲しいのは、シュバリエ！って感じになるのかな。フランスはその辺りの戦略が上手いですね。

大沢　上手ですよ。

田中　でも、推薦がないとダメなんです。例えば、シャンパーニュのシュバリエは、シャンパーニュ騎士団からもらうものです。

遠山　じゃあ、いわゆる世の中のソムリエが持っているシュバリエは、メゾンだったり地方だったりから貰って、そして騎士団の一員になるんですね。

大沢　そう、それを守っていく者たちっていう意味でね。

田中　だから、兵隊みたいな衣裳を着てる。

遠山　で、店には立派な旗が飾ってあったりしますね。

田中　大沢さんの農事功労章というのは、そういうレベルではなくて、フランス政府が差し上げるものなんです。

遠山　三國さん、服部　幸應先生とかと一緒に取られたものですか？

大沢　それは、農事功労章のオフィシエです。

田中　その後に、一番上のコマンドールを取ったんです。それだけでなく、国家功労章も取りましたよね。

大沢　国家功労章は、シュバリエです。だからすべての勲章に、コマンドール、オフィシエ、シュバリエがあるんです。

遠山　じゃあ、大沢さんが頂いたのは、国が出す文化勲章みたいなものでしょうか。

大沢　国ですね。

田中　大沢さんは、国からお金ももらっているんじゃないですか？

大沢　お金はもらってませんよ（笑）。

遠山　そういう違いをちゃんと書いておかないと、シュバリエが使いたい放題になってしまいますね。みんなにも、ちゃんと知ってほしいです。

ボランティア
田中　僕の場合は、コンクールの後、大沢さんの企画することにボランティアで参加してて、ほんとお金にならないことばかりなんですよ。
大沢　そうなんですよね。ありがとうございます。
田中　例えば「世界の医療団」というフランスが母体になっている戦争地域に医師を派遣するボランティア団体。
遠山　国境なき医師団みたいな？
大沢　それとは路線が若干違ってて、今二つあります。
田中　その活動の一つにチャリティがあるんですが、日本中の料理人やサービス人に声をかけて、みんなボランティアです。食材もボランティアで、器を持ってくる人もいる。30数社、ホテルも含めて有名なところは全部来ます。大沢さんが一声かけたらそうなるんですよ。で、大沢さんはいくらもらっているんですか？って聞いたことがあって。
大沢　もらってないですよ（笑）。皆さんにご協力をお願いしてるのに、あたり前じゃないですか。
遠山　それで、どういうことをするんですか？
田中　美食の祭典です。
大沢　持ち寄りの料理を出して、支援者の人達が結構高いお金を払ってくださいます。

田中　35,000円くらいです。

遠山　それが、世界の医療団の活動資金になるんですね。

田中　ワイン業者も協賛していて、料理も飲み物も何でもある。ビュッフェですけど、好きなものを食べて飲む。最後はトンボラってビンゴみたいなのもあるし。

大沢　シャネルとかも、必ず協力してくれますよね。

遠山　そういう時も、他のお店のスタッフの方と交流できますね。

大沢　そうなんです。それが年に1回の横の繋がりの楽しい時間になってますよね。

田中　僕的にはいろんなところの料理人と親しくなって、今は対等にお話もさせていただけるようになりました。コンクールの後は、僕は大沢さんに仕えているような感じです。

大沢　仕えているって感じじゃないですよ（笑）。

遠山　私、ボランティアの話、初めて聞いた。

田中　最初の頃、シェフはパリにいたんで、出店していいですかって聞いたら、大沢さんがやるんなら行ってこいと言ってくれたんです。

後進の育成

遠山　これからの田中さんに求めるものは？

大沢　どんどん若い人を育ててくれ！　それが任務。死ぬまでメートルでいてほしいんです。

遠山　どこで育てるんでしょう。講習会とか、コンクールとか？

大沢　もちろんそれもあるけど、自分の現場でも他の違う場所でも、人を育てるのにはいろんな育て方があると思うので、田中さん

にも育てる機会がたくさんあると思います。

田中　金子さんは「自分の技術のいいとこ取りをするやつには教えない」って言ってて、自分はそれで育っているから、自分も「僕のやり方で勉強するなら、僕のやり方でやれ」って。見栄ですね。誰に教わったかということを言ってほしいだけなんです、金子さんも私も。

遠山　それって、どうなのかなぁ？

大沢　私は、それはあんまり賛成しないですね。基本になるものをどこで学んだかは大事だけど、「基本をずっと一生やれ」ってことではないと思うのよね。

田中　もちろんです。それは自然と取り入れると思うし、それはいいと思う。

大沢　あなたの言いたいことは、「基本のところでふらふらすると、基本が身につかんぞ！」ってことだと思うのね。

田中　そうですね。それに「苦労して学んだことを教えるんだから、感謝して覚えろよ」ってことも、あるんだと思うんです。金子さんはそういう人でした。本当に素晴らしい人で。

遠山　金子さんもそうだけど、メートルの人って、亡くなって尚慕われるんですよね。職業で魅力的になるのかしら。それとも魅力的な人だから、メートルになれるってことなのかしら。

田中　僕は小さいことに感動する方で、ほんのちょっとした事で人を好きになる。着こなしとか歩き方とか背中でも感動するんです。そういう意味では、サービスに向いてると言えるのかもしれない。

遠山　人を好きになる、ってところは本当にそうね。
田中　だから、思いつくんですよ、ちょっとしたことでも「これをしたらお客さんが喜んでくれるんじゃないか」ってことを。
遠山　そういえば、田中さんのことをエスパーじゃないかって言ったお客様がいらっしゃいましたね、東さん。
田中　僕は、次の、次の、次をいつも考えている。だから、つい体が動いちゃうんですよ。

大沢　この仕事って、人が好きで、人に喜んでもらえることに喜びを感じないと、料理人もサービス人も務まるもんじゃない。レストランはそういう場所だと思います。だから吉野さんとの共通点はそこだと思うんですよね。
遠山　確かに吉野シェフと田中さんって、共通言語がたくさんありますね。
大沢　なんの地縁も血縁もない出会いが、レストランの場だと思うんです。だけど人が好きじゃない人は、この仕事は向いてないと思う。別の仕事をなさった方がいいと思うの。

技術は2割

田中　僕はもともと人が好き。だけど長年見すぎて見疲れしている部分があるんですよ。
大沢　それでも、あなたは生涯現役でやっていただきたい。
遠山　それは、技術の伝承という事でしょうか。
大沢　デクパージュとかは、トレーニング次第で出来るようになるでしょう。コンクールって点数をつけなきゃならないから、技

術に目を向けなきゃならない。だけど、メートル・ドテルっていうのは「技術は２割」であって、他の８割は人間を見る目であったり、付き合い方であったりとか。だから難しい。ソムリエはブラインドが出来たら、それで納得できちゃう。でもメートル・ドテルは、デクパージュが５分で出来たって、それだけで納得できる仕事ではないのね。このレストランという舞台で、たくさんの役割があるから。本当に多様な要素を引き受けて、演技をしつつ、お客さんの演技も引き立てて、且つ裏方の料理人の仕事も引き立ててあげるトータル演出家であり、尚且つ自分も見られる俳優である、ってこと。

遠山　後進の育成っていうのは、その８割が大事なんですね。

大沢　その８割が実はとても大きいの。講習会で２割の技術を教えることは出来るけど、８割は日々の人生の中で、仕事場とそれ以外のところで出来ることだから。「技術は凄いけど８割がない。だからメートル・ドテルではなくて、技能者」と評価される人もいて、その人もそのことを理解している。だから10割を持つ人が、メートル・ドテルとして認められるような社会になっている。

遠山　10割の人って、日本に何人くらいいますか？

大沢　みんなを知っているわけではないけど、日本にもちゃんといらっしゃると思います。キャラクターはそれぞれ違っても。

田中　吉野シェフは、片手いないって言ってましたよ。

大沢　私も、10人はいないかもと思う。私が知らないだけかもしれないけど。

遠山　いえいえ、大沢さんが知らない人ってほとんどいないでしょう。よかったね、田中さん。
田中　だって、ボランティアずっとやっているもん。
遠山　そういう問題じゃないでしょ。というか、そうやってボランティアも頑張ってて、それを私にも一度も話さないような性格だから、そこが良いところなのかも。

遠山　大沢さん、今日のような技術2割とか、そういうお話これまでなさったことありますか？
大沢　ないかも。
遠山　それはどうしてですか？
大沢　これまでは、そこまでのことを話す段階ではなかったのかもしれない。
田中　でも、僕はまだ技術はまだまだだと思っています。まだやったことのないこともあるし。
遠山　じゃあ、2割をバージョンアップ。伸びしろがあるってことね。
大沢　そりゃそうでしょう。
遠山　次は何をやりますか？
田中　わかんないけど、人のことに関してはずっと気持ちとか魂とか根付かしてきたつもりで、辞めた人も後から挨拶に来たりすると、わかってくれたのかなと思う。ただ、そこに企業がお金を出すようになってほしいです。

大沢　サービスって、世界一とか関係なく、いいサービスと悪いサービスしかないと思います。

田中　ある程度以上のレベルの人は、僕と同じような気持ちと経験、そして技術があって、人間的にも人を引きつける魅力がある。一人前のメートル・ドテルは、そのレベルが高いんです。だから世界一じゃなくていい。順番じゃないんですよ。その人たちの存在そのものが大事なんですよ。

あとがき

　私、田中優二は雑草である。貴族の生まれでもない。フランスに関係があるわけではない。たまたまフランス料理のサービスに出合い、その世界で1番になりたいと思い続けてきただけである。
　今まで30年間、私が勤めた場所は、3つだけである。

　20歳の時、都ホテルに入社した。金子さんに出会って、フランス料理は異国の文化だが、サービスをやり続けたいと思った。
　25歳の時、タイユヴァン・ロブションに入社した。お客さんやキッチン、サービスの先輩たちに何を言われるかと、毎日緊張していた。だから余計なことを言わないし、絶対音を出すことはいけないとまで肝に銘じてきた。
　34歳の時、芝のレストラン「タテル ヨシノ」の支配人としてオープニングスタッフに加わった。今は、「タテル ヨシノ」全店舗で総支配人をしている。天才ソムリエ若林さんからは、ワインへの愛情と知識をたくさん学んだ。吉野シェフとの邂逅(かいこう)は、本物のフランス料理を紹介するうえでも、デクパージュをするうえでも、サービス人として最高の栄誉だ。

　サービスの現場は大変で理不尽なことが少なくない。だから辞めてしまうスタッフも多い。でも、どれだけ努力しても報われないと思う人がいるとしたら、非常に残念だ。
　多くのサービス人は、目の前のお客様や皿しか見てないような気がする。今みんなが見ている世界は狭い。もっと広い、高い世界を

見てほしい。でも、その世界の存在を知らないんじゃないかと思う。
　地球はこんなに小さな星なのに。

　一生懸命にやっていると、お客様も可愛がってくれる。スタッフもついて来てくれる。そして報われる。しかしそれ以上に行かない場合は、もどかしい。
　上に行くには「殻を破る」という、潔い覚悟が必要だ。自分のことは自分が一番よくわからないのに、自分の良さをわかっているつもりになって、それに縛られて、それを絶対に捨てないと思ってしまうと、殻を破れない。その良さまでも捨てられないと、殻を破れない。
　誰しも必ず、別の良いところがあることを信じてほしい。

　サービスの世界は厳しい。タイミングも運もある。人一倍の努力も必要だ。でも日本で１位、世界で２位と聞けばみんな興味を持つし、必ず人の見る目が変わる。とはいえ、コンクールは勝つことだけが目標ではない。普段の仕事で一生懸命にやっていることを発揮する場でもある。もっと言えば、そういう人に優勝してほしい。
　超一流のサービスやトップを目指すには、どういう道をどのように歩いてきたか、それを知ってほしい。知れば励みになる。
　ただ、超一流とか日本で何番とかの感覚より、一人前の大人の仕事という感覚が大事だと思う。

　サービスの世界は、自分を輝かせてくれる。それはお客様とチーム全員のおかげ。「俺が、俺が、」の私だが、たくさんの人たちに、

自分が思うよりも大切にしてもらってると感じると、自然と頭が下がる。人が大事だと、痛感している。

　だから、お互いに尊敬し合わない人は、どうしても受け入れられない。

　この実力でこんな性格でなかったら、世界はもっと広がっただろう。でも、わかっているけど変えられない。これが個性だから。

　私にとってプロフェッショナルとは「その道で崇高なレベルを持っていて、それでも出来ないことは出来ないとはっきり言える人、自分の力量を分かってる人」。私はそれを、目指すのみだ。

　この本の中に書かれたことは、私の周りの奇跡。書ききれなかったこともたくさんある。

　私より多くの奇跡のエピソードを持つサービス人がたくさん育ってくれれば、お客様はきっと喜ぶだろう。

　この本を読んで、役に立つかどうかはわからない。志のある人が読めば、もしかしたら役に立つかもしれない。それでいい、と思う。

　溢れるサービス愛で本創りをしてくれたキクロス出版の山口 晴之さん、僕の我が儘を楽しみながら受け入れてくれた遠山 詳胡子さん、本当にありがとうございました。

田中優二

田中 優二（たなか ゆうじ）
1968年東京都生まれ。
高校卒業後、現専門学校日本ホテルスクールに入学。1989年4月（20歳）都ホテルに入社。レストランサービスの基本を学ぶ。1994年9月（25歳）タイユヴァン・ロブションに入社。同店とパリのタイユヴァン本店で、最高のサービスとフランス語を学ぶ。2003年3月（34歳）株式会社パーク・フレンチに入社。現在はタテル ヨシノ全店舗で総支配人をしている。大阪と北海道のレストランではサービスの監修をしている。
2004年クープ・ジョルジュ・バプティストで世界2位、2004年メートル・ド・セルヴィス杯で日本1位となる。
メートル・ド・セルヴィスの会 副会長。

遠山 詳胡子（とおやま しょうこ）
1959年宮崎県生まれ。
東洋大学大学院国際地域学研究科国際観光学博士前期課程 修了。
東洋大学・亜細亜大学　非常勤講師。
著書は、「プランナーズ マジック」「ウェディング マジック」「ブライダル・フェア マニュアル」「できる部下を育てるマネージャーは教えない！」「中国料理のマネージャー（共著）」「宴会サービスの教科書（共著）」など多数。

奇跡を呼ぶ レストランサービス

2019年11月22日　初版発行

著者　田中優二

発行　株式会社 キクロス出版
　　　〒112-0012　東京都文京区大塚6-37-17-401
　　　TEL.03-3945-4148　FAX.03-3945-4149

発売　株式会社 星雲社
　　　〒112-0005　東京都文京区水道1-3-30
　　　TEL.03-3868-3275　FAX.03-3868-6588

印刷・製本　株式会社 厚徳社
プロデュース　山口晴之
© Yuji TANAKA 2019 Printed in Japan
定価はカバーに表示してあります。乱丁・落丁はお取り替えします。

ISBN978-4-434-26822-9　C0063

●サービス人にお薦めする関連書籍

一般・婚礼・葬祭に求められる「知識と技能」

NPO法人 日本ホテルレストラン経営研究所 理事長　大谷　晃
BIAブライダルマスター　遠山詳胡子
日本葬祭アカデミー教務研究室　二村祐輔　共著

A4判 並製・本文 240頁／本体 3,300円（税別）

レストランや宴会でのサービスは、スタッフと共に、お客様と向き合いながらこなす仕事です。決して一人で黙々とこなせる仕事ではありません。ゆえに、一緒に仕事をする上司やスタッフと連携するための人間関係がもとめられます。お客様に十分に満足していただくための技能ももとめられます。宴会サービスは、会場設営のプラン作りから後片付けに至るまで料飲以外の業務が多く、また一度に多数のお客様のサービスを担当するので、レストランとは全く違ったスキルが加わります。お客様にとって宴会は特別な時間であるゆえに、失敗が許されないという厳しさもあります。そこでいつも感じるのは、宴会サービスの幅広さと奥深さ、そして重要性です。知識や技能を習得し、それを多くの仲間たちと共有しながらお客様に感動を与えるこの仕事ほど、人間力を高める機会に溢れた職種はないと感じます。　　（はじめにより）

第1章・サービスの基本／第2章・宴会サービス／第3章・婚礼サービス／第4章・結婚式の基礎知識／第5章・葬祭サービス

「接待や宴会の幹事の皆様」にも必要な情報を満載

NPO法人 日本ホテルレストラン経営研究所
理事長 大谷 晃／日本料理サービス研究会 監修
A5判 並製・本文336頁／本体3,200円（税別）

本書には日本料理の特徴である、四季の変化に応じたおもてなしの違いや、食材から読み取るメッセージ（走り、旬、名残）など、日本の食文化を理解するポイントをたくさん盛り込みました。基礎知識やマナーだけでなく、日本料理店や料亭の役割、和室の構成、立ち居振る舞いや所作、着物の着こなしに至るまで、通り一遍ではない、「おもてなしの現場」に役立つ情報も積極的に取り入れました。支配人や調理場、サービススタッフ、それぞれの役割についても解説します。

（はじめにより）

第1章　日本料理の基本を理解する／第2章　日本料理と飲み物（日本酒・日本茶）／第3章　日本料理の作法を知る／第4章　日本料理の接遇（サービス）／第5章　支配人の役割／第6章　メニュー戦略と予算管理／第7章　サービスの現場／第8章　本当の顧客管理／第9章　食品衛生と安全管理／第10章　お身体の不自由なお客様への対応

繁盛店のマネージャーを目指すのは「あなた」です

中国料理サービス研究家　ICC認定国際コーチ
中島　將耀・遠山詳胡子 共著

A5判 並製・本文292頁／本体2,800円（税別）

今、あなたのお店は満席です。入口の外側まで、お客様が並んで、席が空くのを待っています。そんな混雑状況こそ、マネージャーの腕の見せ所です。まさに嬉しい悲鳴、の状態ではありますが、むしろそのパニックを楽しむぐらいの、心のゆとりが欲しいものです。それには十分な知識と、多彩な経験が必要になります。経験ばかりは、教えて差し上げることはできませんが、知識と考え方なら、私の歩んできた道の中から、お伝えできることもあるでしょう。そんな気持ちで、この本を作りました。　　　　　（はじめにより）

中国料理の常識・非常識／素材と調味料の特徴／調理法を知る／飲み物を知る／中国料理の宴会とマナー／料理の盛り付けと演出／中国料理のサービス／マネージャーの役割／メニュー戦略と予算管理／調理場との連携／サービスの現場で／本当の顧客管理／食品衛生と安全管理／私のテーブルマナー教室／マネージャーの人材育成／信頼関係を構築する法則／ラポールを創る／コーチングマネージャー／目標設定7つのルール／メンタルヘルス／職場のいじめ／ユニバーサルマナー　　（目次より）

「企業宴会や婚礼宴会の創り方」がここにあります

(一社)日本ホテル・レストランサービス技能協会
テーブルマナー委員会委員長
石井啓二 著

四六判 並製・本文224頁／本体1,800円（税別）

宴会セールスは、施設がおかれた場所や状況によって、ノウハウは異なります。また、地域によってローカルルールや風習による違いもあります。しかしながら細かい所は違っても、大切にすべき根幹は変わらないはずです。営業である以上、最も大きく優先されるのは売り上げを作ることです。それも持続できることが大切であって、そのためには品質の保持、向上、顧客の満足度に応じた展開、他社との差別化など、さまざまな課題が待ち受けています。本書はその問題に応えたマニュアル書で、すべての宴会関係者が、長い間待ち望んだものです。　　　　　　　（はじめにより）

第1章　宴会セールスは「人間関係」で決まる／第2章　宴会セールスのマーケティング／第3章　「スタッフ」を売る／第4章　宴会セールスの営業戦略／第5章　打ち合わせ／第6章　施行当日／第7章　お身体の不自由なお客様への対応／「幹事さん」のためのワンポイントアドバイス